KB264175

아이의 두뇌력 9살까지 결정된다

아이의 두뇌력 9살까지 결정된다

오시마 기요시 지음 · 이정환 옮김 · 신민식 감수

북스넛

옮긴이

이정환 일본어 전문번역가이자 저술가. 경기도 청평 출생으로 경희대학교 경영학과를 졸업했다. 동양철학과 종교학 연구가로도 활약하며 각종 매체에 역학 관련 칼럼을 기고하고 있다. 역서로는 〈바이러스 전쟁〉, 〈도쿠가와 이에야스의 인간경영〉, 〈오다 노부나가의 카리스마 경영〉, 〈도쿄 대학 학생들은 바보가 되었는가〉, 〈춤꾼 최승희〉, 〈면역혁명〉, 〈세포여행기〉 등 150여권이 있다. 저서로는 〈얼굴 보고 사람을 아는 법〉, 〈사주풀이 인생풀이〉, 〈대체의학으로 모든 병을 고친다〉 등이 있다.

아이의 두뇌력
9살까지 결정된다

1판 1쇄 인쇄 _ 2006년 2월 5일
1판 1쇄 발행 _ 2006년 2월 10일

지은이 _ 오시마 기요시
옮긴이 _ 이정환
발행인 _ 문정신
발행처 _ 북스넛
등록 _ 제1-3095호
주소 _ 서울시 마포구 서교동 334-15 세원빌딩 102호
전화 _ 02-325-2505
팩스 _ 02-325-2506

ISBN 89-91186-26-2 03000

어릴 때 오감을 발달시키면 평생의 두뇌력이 강화된다

요즘 어린 자녀를 키우는 부모들의 마음은 혼란스럽다. 주변에서 조기교육이다 조기유학이다 하고 법석대는 통에 서두르지 않으면 내 아이만 낙오되지 않을까 하는 위기감을 느끼고 있다. 그래서 뚜렷한 확신 없이 남들 하는 대로 일찍부터 무엇이든 가르치기 시작한다. 부모들이 조기교육을 시키는 가장 큰 이유는 내 아이를 머리 좋고 유능한 아이로 키우고자 하는 것이다. 여기까지는 훌륭한 생각이다. 마땅히 아이는 일찍부터 지도하고 교육시킬 필요가 있다.

하지만 문제는 조기교육의 방식이다. 오늘날 조기교육의 가장 큰 문제 중의 하나는 교육자나 부모가 이성적 사고를 훈련시키는 데만 치중하고 있다는 점이다. 일찍부터 읽기, 쓰기, 계산하기 등을 가르치면 머리가 좋아지고 남보다 한 발 앞서 나아갈 수 있다고 생각한다. 그러나 이는 두뇌 발달 과정을 잘못 이해하고 있는 것이다.

정신활동이란 두뇌가 끊임없이 외부 자극을 수용하고 반응하는 과정이다. 따라서 인간의 능력은 곧 두뇌력이며, 그것은 환경에 적절하고 신속하게 대처할 수 있는 힘이다. 조기교육의 상당 부분이 아이의 두뇌력 강화에 초점을 맞추고 있는 것도 부인할 수는 없다. 아이의 두뇌력이 학습 능력이나 이해력과도 직결되기 때문이다. 그러나 앞서 지적했던 교육 방식으로는 근본적으로 두뇌력을 강화시킬 수 없다. 조기에 읽고 쓰고 계산하는 능력을 키우면 단기적으로는 어느 정도 학습 효과가 있을 수 있겠지만, 아이가 성장해서 평생 동안 두뇌를 쓰는 능력에는 그리 큰 도움이 되지 못한다.

이 책은 아이의 두뇌 능력이 9살까지 형성된다는 점을 주제로 삼고 있다. 저자는 인간의 두뇌는 9살까지 급속도로 발달하며, 이에 따라 그때까지 두뇌에 유입된 체험이 아이의 평생을 좌우한다는 의학적 사실에서 출발하고 있다. 갓 태어난 아기의 두뇌는 백지와 같은 상태라고 할 수 있다. 그리고 세상의 수많은 자극으로 밑그림을 그려나가기 시작한다. 어떠한 자극이든 조건 없이 그대로 받아들이고 그것을 미래의 활동 자원으로 축적하는 것이다. 유아기와 소아기의 생활 환경과 체험이 그 어느 시기보다 중요한 이유가 여기에 있다.

아이의 두뇌력을 키우기 위해서는 그 누구보다도 부모의 역할이 가장 중요하다. 저자는 인간이 유인원과 갈라져 나와 진화해온 역사와 최근 수십 년 간 밝혀진 두뇌 활동의 원리를 근거로 하여, 아이의 두뇌력 강화를 위해 필요한 6가지 방법들을 제시하고 있으며, 육아에 대한 개념도 새롭게 정리해놓고 있다.

그 첫 번째는 칭찬과 꾸중을 적절히 병행하여 뇌를 활성화시키라는 것이다. 아이의 뇌를 자극하는 데 칭찬은 꼭 필요하다. 올바른 행동에 대해 칭찬을 해주면 중뇌에서 출발하는 쾌감신경 계통을 자극하는 효과를 준다. 그러나 항상 칭찬만 해준다면 아이는 자신의 행동이 모두 옳다는 인식을 갖게 하여 오히려 두뇌 발달에 역행하는 결과를 초래한다. 따라서 칭찬과 꾸중을 적절히 병행해야 두뇌의 가장 중요한 부분인 전두엽에 자극이 된다.

두 번째는 오감을 이용해 마음껏 뛰어놀 환경을 만들어주라는 것이다. 갓난아기의 두뇌는 아직 미숙한 상태이지만, 엄마의 젖을 빠는 행위, 즉 입의 감각을 시초로 오감이 발달하며 두뇌가 성숙해진다. 요즘 부모들은 아이가 3~4살 때부터 무조건 읽기, 쓰기, 계산하기를 가르치면 머리가 발달한다고 생각한다. 하지만 실제로 두뇌는 신체의 오감을 통해 자연환경이나 동식물과 접촉하고 사람들과의 교류를 통한 자극을 받아 발달하게 된다. 다시 말하면 동물적 감각부터 발달시켜야 하는 것이다.

세 번째는 손발을 많이 사용하고 음식을 잘 씹어 먹게 하라는 것이다. 요즘 아이들은 예전 아이들에 비해 손발을 많이 사용하지 않는다. 특히 도시 아이들은 뛰어다니거나 손으로 무언가를 만들면서 놀 기회가 별로 없다. 오락이라고 해야 TV를 보거나 컴퓨터 게임 정도다. 두뇌 발달을 자극하는 데 손발의 움직임은 매우 중요하다. 또 한 가지 중요한 행위는 음식을 꼭꼭 씹어 먹는 행위이다. 음식을 잘 씹어 먹으면 뇌에 혈류가 유입되면서 좋은 자극을 준다. 저자는 요즘 아이들의 식사를 길들여진 동물적인 식사라고 부른다. 마치 동물원에 있는 동물이 사료를 먹듯이 햄버거 따위로 허겁지겁 배만 채우고 마는 경우가 많다. 이렇게 음식을 대충 삼키는 식의 식사는 아이의 두뇌 발달뿐 아니라 신체의 균형 있는 발달에도 문제를 일으킨다.

네 번째는 태아기부터 두뇌 발달에 신경을 쓰라는 것이다. 우리는 태아가 아무것도 기억하지 못할 것이라고 생각하지만, 사실은 청각이나 피부감각 등 소위 원시감각을 이용해 뇌에 정보를 저장한다. 태아의 두뇌는 아직 미숙하지만 이런 기초적인 감각으로 자극을 수용하고 있다. 태아의 두뇌 발달은 올바른 태교법과도 관련이 있다. 즉 임신부가 심신을 편안하게 하고 건강한 생활을 유지하는 것이 태아의 신체와 두뇌 발달에 가장 중요하다고 저자는 강조하고 있다.

다섯 번째는 가족과 함께 식사하고 대화를 많이 나누라는 것이다. 아이가 젖을 떼고 좀 더 자라면 가족과 함께 식탁에 둘러앉아 식사를 하게 된다. 이때 서로 대화를 나누면서 먹는 음식에 대해 설명해주면 아이의 상상력이 풍부해지고 두뇌 자극에 큰 도움이 된다. 아울러 인스턴트 식품이나 패스트푸드를 먹고, 그것도 아이가 혼자서 하는 식사는 두뇌 발달에 매우 좋지 않은 영향을 미친다고 저자는 지적한다.

여섯 번째는 9살까지 성교육을 마치라는 것이다. 태아기부터 시작된 생물적인 성은 태어나서 환경의 영향으로 심리적 성이 점차 확립되면서 8살이 되면 성적 정체성이 확고해진다. 많은 부모들은 너무 어린 나이에 성교육을 시키는 게 아이에게 유해하다고 생각한다. 하지만 저자가 얘기하는 성교육은 생명의 탄생을 보여주고 느끼게 해주면서 생명의 존엄성을 가르치는 것이다. 성을 금기시하는 가정과 사회에서 자라는 아이들은 왜곡된 성의식을 갖게 되고 성인이 되어서 일탈적인 성행위를 할 가능성이 더 높다. 성이 인간다운 삶의 일부라는 인식을 아이들의 마음속에 심어주어야 한다는 것이다.

자원이 풍부하지 못한 우리나라는 인적자원이 매우 중요하다. 따라서 유능한 인재를 육성하는 일이 국가의 미래와 운명을 좌우한다고 해도 과언이 아니다. 물론 한 집안의 성쇠도 자녀교육에 달려 있다고 할 수 있다. 이 책은 한 가정에서부터 사회에 이르기까지 아이들을 어떻게 키워야 할 것인가를 생각해볼 때, 더없이 좋은 지침서가 될 만하다. 현재 어린 자녀를 키우고 있는 부모나 앞으로 부모가 될 부부, 그리고 교육자들에게 이 책이 좋은 선물이 될 것으로 기대한다.

—신민식(대한총명학회장, 광제국한의원 대표원장)

머리 좋은 아이는
부모가 만든다

　자녀를 키우는 부모들은 적어도 한 번쯤은 혹시 내 아이가 영재가 아닐까 하는 생각을 하게 된다. 아이가 어른스러운 말을 한다거나 특이한 행동을 할 때 특히 그런 기대감을 갖는다. 그만큼 요즘 아이들이 여러 면에서 발달이 빠르다고 볼 수 있겠다. 사실 내 아이가 어떤 타고난 소질을 가지고 있다면 기뻐할 일이지만 평범하다고 해서 실망할 필요도 없다. 타고난 재능이 인생의 행복을 보장해주지는 않기 때문이다. 이 세상에 태어난 사람은 능력이야 어떻든 나름대로 멋진 인생을 살 수 있는 잠재력을 가지고 있다.

　이전과는 달리 요즘 아이들은 확실히 성장 속도가 빠르다. 그렇다고 해서 우리가 흔히 생각하듯이 두뇌 발달도 그만큼 빨라졌다고는 할 수 없다. 가르쳐 주지 않은 말을 아이가 했다고 해서,

혹은 어른스러운 행동을 한다고 해서 머리가 좋다고 할 수는 없는 것이다.

나는 빠르게 성장하는 아이들이 여러 가지 두뇌 발달의 문제를 안고 있다는 생각에서 이 책을 썼다. 요즘 아이들은 과거의 아이들에게서 볼 수 없었던 경향을 보이고 있다. 그 중에서 가장 두드러진 것은 대부분의 아이들이 개성이 뚜렷하지 않고 자기중심적인 성향을 갖고 있다는 점이다. 그 이유는 바로 획일적인 교육체제와 지식 중심의 교육 때문이다.

이런 아이들의 공통점은 가정에서 부모에게 가르침을 제대로 받지 못하고 있다는 사실이다. 물론 바쁜 생활 속에서 집에서 아이를 교육시킨다는 일이 그리 쉽지만은 않다. 또한 아이를 어떻게 가르쳐야 하는지도 감을 잡기가 힘들다. 부모들이 생각하는 최선의 방법은 학원에 교육을 일임하는 것이다. 그리고 집에서는 그야말로 아이를 왕처럼 떠받들며 키우고 있다. 부모들은 아이의 개성을 존중해주는 것과 응석을 받아주는 것을 혼동하고 있다.

인간의 모든 행동은 두뇌에 달려 있다는 것은 자명한 사실이다. 그리고 아이의 두뇌 발달은 학원이 아니라 부모의 가르침에 달려 있다. 우리는 주변에서 단편적인 지식을 기계적으로 잘 암기하는 아이를 칭찬하고, 우리 아이도 그런 아이처럼 영특했으면 하고 부러워한다. 하지만 사실 그러한 기계적인 암기 능력이 머리를 좋게 만들지는 못한다. 내가 강조하고 싶은 바는, 머리가 좋다는 것은 암기 능력보다는 문제 해결 능력이 뛰어나다는 의미다.

그러한 능력은 가정에서 9살까지의 교육으로 충분히 갖출 수 있다. 이는 인간의 두뇌에서 가장 중요한 부분으로 기억, 사고 등을 담당하는 전두엽이 9살까지 완성된다는 사실에 근거한다. 나는 아이의 두뇌 능력이 9살까지 완성된다는 사실을 전제로, 부모가 아이와 함께 실천할 수 있는 6가지 방안을 제시하였다. 이러한 실천 방안들은 어떤 복잡한 단계를 밟거나 지식을 습득하는 과정이 아니다. 부모들이 조금만 신경 쓴다면 생활 속에서 충분히 실천할 수 있는 것들이다.

두뇌의 구조와 작용은 수십 년 간의 연구를 통해 상당 부분 밝혀져 있다. 특히 어릴 때 두뇌를 발달시키는 데 오감을 이용하는 게 매우 중요하다는 사실이 드러났다. 오감, 즉 시각, 청각, 후각, 미각, 피부감각이 전두엽을 자극하면 머리가 좋아진다. 인간의 이성적 사고와 행동의 기초는 어릴 때 책을 통해 가르치기보다는 오감을 얼마나 잘 훈련시켰는가에 달려 있다고 할 수 있다. 오감 훈련이란 바로 온몸으로 환경에 대한 자극을 느끼고 체험하는 것을 말한다.

그렇기 때문에 아이의 두뇌 발달에는 놀이가 필요하다. 아이들이 자연환경 속에서 마음껏 뛰어놀고 자신의 감각을 이용해 체험하는 과정이 필요하다는 의미다. 하지만 요즘 아이들은 어떠한가. 부모들의 과잉보호 속에서 아이들은 일찍부터 영상매체에 빠져들고 컴퓨터를 만지기 시작한다. 아이들의 두뇌 발달에 정말 필요한 것은 자연을 체험하고 사람과 대화하고 교류하는 일이다. 9살까지 그런 과정을 충분히 체험하면 올바른 인간, 성숙한 인간, 그리고 머리 좋은 인간으로 성장할 수 있다.

우리 아이들에게는 지금 이런 교육이 필요하다. 또 한 가지 중요한 사실은 9살까지의 체험이 올바른 성의식을 확립하는 데도 큰 역할을 한다는 점이다. 아직까지 우리 교육계에는 성교육이 정착되어 있지 않다. 이런 상황에서 사춘기에 접어든 아이들은 온갖 매체를 통해 등장하는 현란한 영상물의 영향을 받아 성에 대해 왜곡된 관념을 갖고 성을 말초적인 쾌락으로만 인식하고 있다. 이렇듯 어린시절의 성에 대한 비뚤어진 관념은 평생 지속될 수 있다.

성교육 역시 9살까지 끝내야 한다. 보통 성교육은 남녀의 접촉에 초점을 맞추기 때문에 부모나 교사가 어렵게 느끼는 것이 사실이다. 그러나 올바른 성교육이란 생명의 탄생 과정과 사랑으로 맺어진 관계를 가르치는 것이다. 이런 교육을 받은 아이는 사춘기를 거쳐 성인이 되어서도 성에 대해 올바른 관념을 가질 수 있다.

부모는 자신의 아이가 올바르게 자라 환경에 잘 적응하면서 행복하고 멋진 삶을 살아가길 원한다. 그런데 아이의 눈높이에 맞춘, 정말로 중요하고 필요한 것보다는 어른들의 기준에 맞추어 아이를 키우는 부모들이 많다. 갓 태어난 아기의 두뇌는 9살까지 급속도로 발달한다. 그렇기 때문에 부모는 이 시기 동안 아이 교육에 각별한 신경을 써야 한다.

지금처럼 빠르고 복잡하게 변화하는 환경 속에서 아이들의 두뇌 발달은 사회 전체가 관심을 기울여야 할 부분이다. 아이들 머릿속에 복잡하게 얽혀 있는 두뇌 신경회로가 뒤틀리면 결코 사회의 미래는 밝다고 할 수 없다. 그러므로 이 시점에서 '세 살 버릇 여든까지 간다'는 말을 새삼 되새길 필요가 있다. 세상의 모든 젊은 부모들에게 이 책을 바치며, 자녀 교육에 조금이라도 도움이 되었으면 한다.

— 오시마 기요시大島淸

| 차례 |

■ 감수자의 글

어릴 때 오감을 발달시키면 평생의 두뇌력이 강화된다 • 5

■ 지은이의 글

머리 좋은 아이는 부모가 만든다 • 11

| 제1장 | **9살까지의 두뇌 교육**

칭찬과 꾸중으로 뇌를 활성화시켜라

1 두뇌력은 9살까지의 교육으로 완성된다 • 22

2 어린시절의 '근원적 체험'이 삶의 질을 좌우한다 • 31

3 기억력이 좋은 사람이 머리 좋은 사람은 아니다 • 44

| 제2장 | **인격을 만드는 우뇌 개발법**

오감을 이용해 마음껏 뛰어놀게 하라

4 두뇌는 놀이를 통해 성숙해진다 • 60

5 인간은 놀이문화의 발달로 진화했다 • 69

6 3살까지는 우뇌가 주도적인 역할을 한다 • 79

7 두뇌 활동의 기반은 원시적 감각이다 • 88

8 전두엽은 행동의 프로그래밍 센터다 • 102

| 제3장 | **근원적 체험 만들기**

손발을 많이 사용하고 음식을 꼭꼭 씹어 먹게 하라

9 아이의 마음을 키워주는 방법 • 114

10 오감이 발달하면 상상력이 풍부해진다 • 124

11 두뇌 발달의 3요소는 신체, 마음, 식생활이다 • 137

| 제4장 | **효과적인 태교법**

태아기부터 아이의 두뇌 발달에 신경 써라

12 태아는 엄마에게 계속 신호를 보내고 있다 • 150

13 갓난아기는 모유로 세상을 인지한다 • 160

14 엄마의 좋은 생활습관이 가장 훌륭한 태교다 • 172

15 임신 시기별 효과적인 태교법 • 177

16 학습과 기억의 뇌는 태아기에 형성된다 • 183

17 태아의 신호에 호응하는 분만을 하자 • 190

| 제5장 | **식생활과 대화**

함께 식사하고 대화를 많이 나눠라

18 지식보다 정서가 더 중요하다 • 202

19 자연과 사람과의 접촉을 늘려주어라 • 211

20 입은 마음을 다스리는 가장 중요한 기관이다 • 220

21 문명이 로봇 인간을 만들어낸다 • 230

22 두뇌의 에너지원은 음식이다 • 234

| 제6장 | **9살까지의 성교육**

9살까지 성교육을 마쳐라

23 성적 정체성은 8살까지 형성된다 • 242

24 성교육은 생명의 존엄성을 가르치는 것이다 • 251

25 인간의 성은 곧 두뇌이고 삶이다 • 258

26 9살까지의 교육이 아름다운 삶을 보장한다 • 265

사고, 기억, 판단, 의욕 등을 담당하는 두뇌의 전두엽은 9살까지 완성됩니다. 전두엽을 자극하는 데는 칭찬이 큰 효과가 있습니다. 그러나 바르지 못한 행동을 할 때는 꾸중을 가미해야 균형 있는 자극이 됩니다.

제1장 **9살**까지의 **두뇌** 교육

칭찬과 꾸중으로 뇌를 활성화시켜라

1. 두뇌력은 9살까지의 교육으로 완성된다

2. 어린시절의 '근원적 체험'이 삶의 질을 좌우한다

3. 기억력이 좋은 사람이 머리 좋은 사람은 아니다

두뇌력은 9살까지의
교육으로 완성된다

두뇌의 성장 시기는 정해져 있다

인간의 마음은 가슴에 있는 것이 아니라 두뇌에 있다. 그리고 두뇌의 성장 과정을 추적해보면 교육으로 두뇌가 자극을 받는 시기도 정해져 있다는 사실을 알 수 있다. 예를 들면, 전두엽(이마 위쪽 대뇌피질 영역으로 기억, 사고, 의욕 등을 담당함)의 대부분을 차지하는 두뇌 소프트웨어 부분은 9살까지 완성되며, 그 이후에 변화시키기는 상당히 어렵다. 따라서 자녀교육은 9살까지가 가장 중요한 시기에 해당한다.

그렇다면 아이가 9살이 될 때까지 어떻게 교육을 시켜야 할 것인가. 중요한 것은 '사실을 보여주고 느끼게 해주어야 한다'는 점이다. 요즘 어디에서나 넘쳐나는 디지털 영상은 흥미를 끌지만 상상에 의해 만들어진 것으로, 보는 이에게 감각적인 즐거움만을 줄 뿐이다. 사실이란 어떤 것을 말하는가. 함께 석양을 바라보기, 전선 위에 앉아 있는 새를 생물도감에서 찾아보기, 동물의 울음소리를 흉내 내기, 탯줄을 아이에게 보여주며 생명의 소중함을 가르쳐 주기, 아픈 마음을 따뜻하게 감싸주기 등의 과정이 사실을 느끼게 해주는 것이다. 또한 부모와의 관계나 타인과의 관계에서 진정한 애정과 신뢰가 어떤 것인지 자녀에게 보여주고 가르치는 일이 사실을 알려주는 것이다.

만약 이 시기에 아이에게 사실을 보여주지 않으면 아이는 현실과 허구를 구별할 수 없게 된다. 비디오 영상을 보고 현실과 허구의 차이를 이해하지 못하거나, 양심의 가책 없이 위험한 도구로 사람을 해치는 행위는 이 시기에 사실에 대한 가르침을 제대로 받지 못하고 성장했기 때문이다.

그리고 또 한 가지 중요한 점은 아이를 칭찬하며 키워야 한다는 것이다. 아이에게 칭찬보다는 항상 꾸중만 늘어놓는 부모들이 있다. 전두엽이 완성되기 전에 늘 꾸중만 듣고 자란 아이는 얌전하고 순수한 심성을 점차 잃게 된다. 그러므로 아이를 가르칠 때는 꾸중에다 칭찬이라는 쿠션을 반드시 첨가해야 한다. 즉 상황에 따라 꾸중과 칭찬을 적절히 가미해야 한다. 이렇게 하면 중뇌에서 출발하는 쾌감신경계통을 자극하는 효과가 있다.

쾌감신경은 가지처럼 퍼져나가기 때문에 식욕중추와 성욕중추는 물론이고 지적인 활동에 대한 자극도 되며, 그 자극에 의해 식욕, 성욕, 의욕이 증가하여 두뇌 전체에 즐거움이 퍼진다. 음陰이 있으면 양陽이 있고 동動이 있으면 정靜이 있듯이, 자극이 있어야 행동이 유발되는 것이다. 틀에 박힌 자극만 주면 두뇌 기능은 마비되어버린다.

물론, 아이에게 항상 칭찬만 하는 것도 바람직하지 않다. 무조건 칭찬만 받아온 아이는 자신이 최고라는 자만심과 이기심을 갖게 되기 때문이다. 아이의 의욕을 불러일으키려면 칭찬과 꾸중, 꾸중과 칭찬을 적절히 병행하여 항상 아이의 두뇌를 자극해 주어야 한다.

태어나자마자 두뇌는 자극이 필요하다

인간이 동물과 함께 가지고 있는 뇌의 대뇌변연계는 대뇌신피질계에 의해 조절되고 통제된다. 본래 인간은 어린시절에 희로애락 같은 매우 원시적이고 단순한 감정을 형성시켜야 한다. 이런 감정은 대뇌변연계의 활동에 의해 양성되며, 이는 동물도 마찬가지다. 읽고 쓰고 계산하는 행동에 관여하는 대뇌신피질만을 자극하면 감정은 발달하지 않는다. 아이의 감정을 발달시키기 위해서는 일상생활에서 놀이를 즐길 수 있는 환경을 만들어주고, 칭찬과 꾸짖음으로 두뇌를 자극해주어야 한다.

그렇다면 칭찬의 효과가 나타나는 시기는 언제쯤일까. 앞에서 설명했지만 두뇌 소프트웨어가 완성되는 시기는 9살 정도인데, 6살 정도가 되면 대부분의 전두엽 기능이 완성되며 부위에 따라서는 훨씬 일찍 완성되기도 한다. 시각계통은 6살쯤 되면 완성되지만 태어나서 6개월 정도 지나면 발달하기 시작하고, 2살이 되면 기본적인 형태가 구성된다. 따라서 태어나서 6개월 정도부터 2살까지 본 것은 영원히 머릿속에 각인된다.

헬렌 켈러의 예를 들어보자. 장님에다 귀머거리였고 벙어리였던 헬렌 켈러에게 그래도 다행이었던 점은 2살까지 많은 사물을 보고 들을 수 있었다는 사실이다. 그렇기 때문에 헬렌 켈러는 2

살 때 열병에 걸려 눈, 귀, 입의 기능을 상실한 이후에도 가치 있는 인생을 살 수 있었던 것이다. 또한 헬렌 켈러에게는 설리반 선생이 있었다. 설리반 선생은 헬렌을 엄하게 가르치면서도 칭찬이라는 쿠션을 적절히 이용했던 매우 훌륭한 교육자였다. 헬렌의 손을 물속에 넣고 그녀가 그것이 물이라는 사실을 깨닫자 설리반 선생은 칭찬을 아끼지 않았다. 헬렌 켈러는 이 두 가지 요인 덕분에 정상인 못지않은 멋진 삶을 살 수 있었다.

반면에 1799년 남프랑스 아베롱의 숲에서 발견된 야생소년은 태어나서 12살이 될 때까지 인간사회와 동떨어져 있었고, 언어교육이나 정서교육을 전혀 받지 않았기 때문에 전두엽의 회백질이 완성되어 있지 않았다. 따라서 아무리 교육을 시켜도 겨우 알파벳을 늘어놓을 수 있었을 뿐, 말을 전혀 할 수 없었다. 이것은 인간의 두뇌에서 언어계통이 완성되는 한계 시기가 존재한다는 의미다. 이런 실제적 증거들을 통해 알 수 있는 사실은, 자녀 교육은 초기 단계, 즉 두뇌가 모든 것을 수용할 수 있는 유연한 상태일 때부터 시작해야 한다는 점이다.

오늘날 아이들 교육은 과거에는 발생하지 않았던 여러 가지 문제들을 안고 있다. 모두들 성적만을 중시하기 때문에 아이는 학교에서 집으로 돌아와 또 다시 학원으로 향해야 하고, 가족과 대화는커녕 얼굴을 마주할 시간도 없다. 불균형한 식생활도 문제다. 끼니를 대충 때우자는 생각으로 인스턴트 식품이나 패스트푸드로 한 끼를 해결하는 경우가 많다. 다른 생활습관도 마찬가지다. 과거에는 웬만한 거리는 걸어 다녔지만, 이제는 자동차 없이는 생활하기 힘들 정도이고 계단보다는 엘리베이터를 많이 이용하고 있다. 이러한 문명의 이기는 편리함을 안겨주었지만 아이의 두뇌 발달에는 마이너스로 작용한다.

두뇌는 아주 어릴 때부터 자극을 받아야 발달한다. 그 바탕은 바로 오감의 균형 있는 자극이며, 손, 발, 턱과 같은 움직일 수 있는 신체 부분을 모두 활용한 운동 자극이다. 문명의 발달과 함께 우리는 콘크리트 정글에서 살게 되었지만, 때로는 자연 속에서 아이와 대화를 나누고 아이의 눈높이에서 세상을 바라보아야 한다. 부모들은 이런 점을 충분히 이해하고 아이를 가르쳐야 하는데, 그 과정에서 칭찬과 꾸중은 매우 중요한 수단이다.

디지털 영상은 두뇌 발달에 도움이 되지 않는다

400만 년 전 인간이 직립생활을 하게 되었을 때, 대뇌의 무게는 400그램이었지만 지금은 1,350그램으로 증가했다. 이 무게는 원숭이의 5배, 침팬지의 3배에 해당한다. 인간의 모든 행동은 두뇌활동에 의해 이루어진다. 대뇌의 표면을 덮고 있는 대뇌신피질의 구조를 생리학적으로 연구하고 인간 행동과의 관계를 밝혀내는 것이 대뇌생리학이라는 분야다.

두뇌 한 가운데는 대뇌변연계가 있고 이곳에는 성욕, 식욕, 체온, 호르몬, 내장을 조절하는 중추가 모여 있다. 따라서 대뇌변연계는 기본적인 생존 조건을 조절하는 '동물뇌'라고 할 수 있다. 인간은 동물과는 달리 이 대뇌변연계의 외부에 대뇌신피질이라는 새로운 뇌가 발달해 있으며, 고차원적인 정신활동은 여기에서 이루어진다. 동물은 감정이라는 소박한 마음밖에 가지고 있지 않지만, 인간은 거대해진 대뇌신피질 덕분에 복잡한 사고와 판단 능력을 갖추게 되었다. 하지만 대뇌신피질이 잘못 발달하면 신경세포의 배선이 흐트러져 성인이 되었을 때 나쁜 생각을 하거나 반사회적인 행동을 저지를 소지가 많다. 특히 남성이 여성보다 그런 비뚤어진 행동을 할 확률이 높다.

갓난아기의 대뇌 무게는 400그램이고 1살이 되면 800그램으로 증가한다. 이때는 아직 사고나 계획 능력을 갖추고 있지 않다. 물론 무엇을 만드는 일도 불가능하다. 하지만 두뇌는 그런 일을 하기 위한 잠재능력을 갖추기 위해 활동을 하기 시작한다. 1살 때부터 잠재능력을 쌓아가고 주변 상황에 임기응변으로 대처하는 '전두엽 소프트웨어'는 성장함에 따라 조금씩 완성된다.

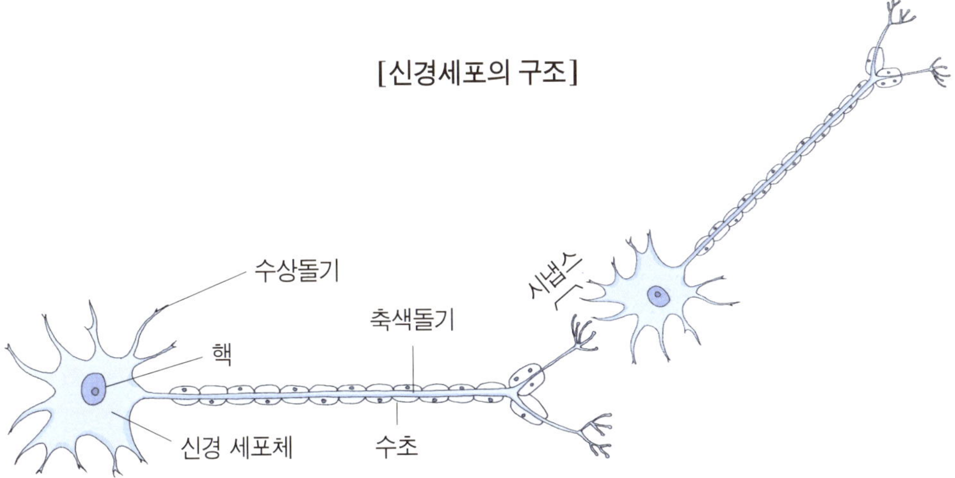

인간의 두뇌에 존재하는 신경세포는 갓 태어났을 때 1,000억 개지만 그 후에는 점차 감소한다. 그런데도 인간의 능력이 쇠퇴하지 않는 이유는 신경세포와 신경세포가 연결되어 시냅스synapse가 만들어지기 때문이다. 시냅스는 적은 곳에는 1,000개, 많은 곳에는 20만 개의 신경세포가 서로 연결되어 있으며 태어난 후부터 9살까지 엄청난 기세로 증가한다. 그리고 이러한 신경회로망은 9살 이후에도 외부 환경이나 자극에 의해 재조합될 수 있다. 학습을 통해서 그것이 가능하다.

우리는 물질문명을 구축함으로써 풍요로운 생활을 누리게 되었지만, 동시에 잃어버린 것도 적지 않다. 가장 두드러진 예로 직접적인 인간관계가 뜸해졌다는 사실을 들 수 있다. 컴퓨터나 휴대전화를 통한 교류는 진정한 인간관계라고 할 수 없다.

이제는 사람과의 접촉 없이도 자동판매기에서 버튼을 눌러 각종 물품을 구입할 수 있다. 비디오, 컴퓨터, 휴대용 오디오 기기 같은 의사疑似체험 기구는 모두 허상에 불과할 뿐 현실이나 진정한 인간관계와는 거리가 멀다. 이러한 2차원적인 허상에 둘러싸여 자란 아이의 두뇌는 물질적인 것에만 끌리게 된다. 성인용 비디오 따위로 체험하는 가상섹스가 전형적인 예다. 아무런 접촉도 없고 냄새도 없고 오로지 시각만으로 성적 쾌감을 얻는 것은 생물적인 존재로서 정상적인 행동이라고 할 수 없다. 인간은 동물적 감성을 바탕으로 읽고 쓰고 계산할 수 있는 차원 높은 문화를 갖게 되었는데, 단지 시각을 통한 허상만을 추구하다 보면 결국 그만큼 한정된 세계에 갇혀버릴 수 있다. 2차원 세계에 나타나는 허상은 키Key 하나만으로 나타났다가 사라질 수 있기 때문이다.

2

어린시절의 근원적 체험이 삶의 질을 좌우한다

인간의 뇌는 심각한 위기에 처해 있다

인간이 직립보행을 시작한 지 400만 년이 지났다. 진화 과정에서 인간은 직립보행을 해도 목에 부담을 느끼지 않게 되었고, 보다 자유로워진 손으로 도구를 사용할 수 있게 되었다. 그렇게 진화하면서 두뇌는 거대해졌고 동물뇌를 감싸는 형태로 소위 학습 두뇌층이 형성되었다. 그리고 그곳을 통해서 새로운 쾌감을 느낄 수 있게 되었다. 인간이 동물과 다른 커다란 차이를 갖게 된 것이다.

동물이든 인간이든 쾌감을 추구하며 산다는 점에서는 마찬가지다. 단, 동물은 식욕과 성욕, 그리고 무리를 지으려는 집단욕 따위의 욕구가 충족되면 충분히 만족을 느낀다. 하지만 인간의 경우는 그런 본능적 욕구 외에도 학습 욕구가 있다. 즉 다양한 문화적 체험을 통해 새로운 쾌감을 얻고자 하는 것이다. 그런 쾌감은 기억으로 입력되고, 그 기억을 바탕으로 보다 새로운 쾌감을 얻는 작업이 인간의 두뇌를 진화시켰고 문명을 발달시켰다.

인류는 단순하고 본능적인 쾌감에서 보다 복잡한 문화적 쾌감을, 그리고 또 다시 새로운 문화적 쾌감을 끊임없이 추구해왔다. 인류 문명의 테마는 바로 문화적 쾌감을 충족시키는 것이라고 할 수 있다. 인류가 두뇌를 진화시켜온 목적이 바로 그것이다.

하지만 21세기로 접어들면서 인간의 두뇌가 위기에 처했다는 우려가 제기되고 있다. 두뇌 회로의 변형으로 초래된 결과가 사회 곳곳에서 나타나고 있기 때문이다. 오늘날 세상은 지나치게 시각에만 편중되어 있다. 아주 어린시절부터 텔레비전, 비디오게임, 컴퓨터 등의 영상매체를 많이 접하며 생활해온 세대는 가상현실에 익숙해져 허구와 현실을 제대로 구별하지 못하는 경향이 있다. 이들은 시각과 약간의 청각만이 필요한 세계에 깊이 빠져 있어 오감으로 느끼는 깊이 있는 쾌락을 모르고 있다.

갓 태어난 아기의 뇌는 400그램이고 여기에는 1,000억 개의 신경세포가 존재한다. 이곳은 아직 아무것도 입력되지 않은 컴퓨터라고 할 수 있는데, 아기는 태어난 지 얼마 안 되어 학습을 하기 시작한다. 갓난아기의 첫 학습은 모유를 먹는 행위를 시작으로 엄마의 피부와 접촉하고 냄새 맡고 목소리를 듣고 행동을 따라하는 것이다. 이런 학습을 통해 뇌는 성장하기 시작하고 1년 뒤 걸음마를 시작할 시기가 되면 800그램이 된다. 또한 외부 세계의 자극에 의해 신경세포를 연결하는 시냅스가 만들어지면서 신경회로망이 점차 확대된다. 그러므로 태어난 후 1년은 매우 중요한 시기로 주변 사람들이 아이를 대할 때 특별히 신경을 써야 한다.

특히 아이에게 자주 말을 걸어주는 것이 좋다. 아이가 말을 알아듣지 못한다는 이유로 대화가 필요 없다는 생각은 잘못된 것이다. 갓난아기는 나름대로 우뇌의 직감을 통해서 상대방이 하는 말의 의미를 감지한다. 대뇌피질에는 '청각연합야'라는 장소가 있는데, 이곳은 들었던 내용을 받아들여 장차 언어로 조립하는 중요한 역할을 한다. 이 청각연합야의 신경세포들은 생후 10개월경부터 활동하기 시작한다.

실제로 언어뇌가 발달하는 시기는 2~3살이다. 이 시기에는 우뇌로 들었던 말을 좌뇌로 적절하게 전달할 수 있다. 그리고 전두엽이 활동을 시작하는 것은 4~5살부터다. 이른바 신경회로의 소프트웨어를 프로그래밍하는 시기라고 할 수 있다. 엄마, 아버지, 형제 등 가족과의 생활 속에서 자극을 받아 신경회로의 시냅스를 만드는 작업이 시작된다. 그 결과 9살까지 엄청난 수의 시냅스가 만들어지면서 많은 정보가 이미지로 축적된다.

이런 식으로 오감을 통해 느낀 쾌감은 어린시절의 '근원적 체험'으로 조성된다. 인간의 뇌는 매우 크기 때문에 환경 자극에 의해 쉽게 변화한다. 그 변화의 시기인 9살까지의 경험을 나는 '근원적 체험'이라고 부른다. 성인이 되었을 때의 인물 됨됨이나 성격, 그리고 성욕의 대상 등의 사항들이 9살까지의 체험에 의해 결정된다. 특히 성적인 관심이 이 시기까지의 체험에 의해 결정된다는 것은 주목할 만한 사실이다. 인간의 성은 삶 속에서 화산의 마그마처럼 잠재되어 있는데, 성행동을 유발시키는 곳은 바로 두뇌에 있다.

전 세계에서 영장류는 180종이 있지만 전두엽은 인간이 가장 크다. 인간의 전두엽 크기는 대뇌피질 전체의 32.8%이고 원숭이는 3%, 침팬지는 11%에 불과하다. 이 전두엽의 대부분을 전두연합야라는 두뇌 소프트웨어가 차지하고 있는데, 이 소프트웨어

는 인간이라는 구조물을 만드는 프로그래밍 센터라고 할 수 있
다. 이곳에서 생각과 판단이 이루어지며 프로그램을 작성하여
새로운 것을 창조해낸다. 또한 이성에 대한 관심도 유발하며 의
욕을 생기게 한다. 이런 멋진 정신활동의 운용자인 소프트웨어

를 작동시키는 주요 감각은 시각과 청각이지만, 후각, 미각, 촉각, 내장감각 등의 원시감각도 큰 작용을 한다는 사실이 최근 대뇌생리학 연구를 통해서 밝혀졌다.

노벨상 수상자인 도네가와 스스무는 이러한 감각과 뇌의 관계를 연구하고 있다. 그의 연구에 따르면, 갓 태어난 쥐는 태어날 때부터 수염이 있는데, 태어나자마자 즉시 수염을 제거해버리면 뇌의 발달이 늦어진다고 한다. 따라서 성장한 후에 미로학습을 시키면 불안감을 표출한다. 쥐의 수염은 촉각, 미각 등의 감각 센서이기 때문이다.

지금은 기계화된 문명 덕분에 삶이 풍요로워졌지만, 원시감각을 사용할 기회는 현저히 줄어들었다. 부모들은 아이에게 직접 요리를 해주는 경우가 많이 줄어들었고 밖에서 패스트푸드를 자주 사먹이곤 한다. 게다가 공부만을 강조하는 편향적 교육과 인터넷이나 휴대전화 따위의 기기를 통한 교류에서 발생하는 문제도 있다. 인간의 가장 큰 특징이 전두엽 소프트웨어가 존재한다는 것인데, 이런 현실 속에서는 인간이 단순한 세포덩어리 혹은 로봇과 다름없는 처지로 전락하지 않을까 우려된다. 하이테크놀로지 시대에 꼭 필요한 것이 바로 로우테크놀로지라는 사실을 명심해야 한다.

도호대학 비뇨기과의 조사에 의하면, 병원 외래환자 중의

27%가 결혼 뒤에 성관계를 가질 수 없다고 한다. 또한 긴자에서 산부인과를 운영하고 있는 이케시타 박사의 설명에 따르면, 외래 환자 100명 중 3명이 남편과 성관계를 전혀 하지 않는다고 한다. 이런 성기능 장애는 전두엽의 소프트웨어에 문제가 있기 때문에 발생하는 것으로 보인다. 동물과 달리 인간은 이 소프트웨어를 이용해 사랑을 하는 존재이기 때문이다.

두뇌는 가소성이라는 특성을 가지고 있다

하등 동물은 감정을 유발하는 동물뇌만을 기반으로 행동한다. 특히 야생 동물은 매우 감정적이라고 할 수 있다. 그들의 뇌가 유발하는 것은 즐거움, 불쾌, 불안, 분노 등의 단순한 감정이다. 아직 발달하지 않은 갓난아기의 뇌 기능도 이와 비슷하다.

원숭이의 경우는 대뇌신피질계가 어느 정도 발달해 있기 때문에 약간 다르다. 따라서 식욕, 성욕, 집단성 같은 본능적인 욕구의 충족 여부에 따라 느끼는 단순한 심리에 개체 간 스트레스나 환경에 의한 스트레스가 더해져 두뇌 발달이 오히려 저해되는 경우가 있다. 예를 들면, 갓 태어난 새끼가 어미를 비롯한 가족과 헤어져 6개월만 지나면 정서장애를 일으키기 때문에 다시 가족의 품으로 돌아가도 집단생활에 적응할 수 없다.

인간의 거대한 뇌는 보다 나은 삶을 위해 진화하고 발달해왔다. 인간은 훌륭한 뇌를 가지고 있기에 당연히 동물보다 행복한 존재라고 할 수 있다. 동물이 인간보다 낫다고 생각하는 사람은 없을 것이다. 그러므로 우리는 인간으로 태어난 것을 행운으로 여기고 인간성을 잃지 않으면서 인간으로서 누릴 수 있는 행복을 추구해야 한다. 여기서 인간의 두뇌 능력을 다시 한 번 정리해보자.

1. 전두엽의 언어중추는 사고와 언어 능력을 부여함으로써 인간적인 모든 활동의 기초를 마련해준다.
2. 시간의 축을 이해함으로써 미래의 계획을 세울 수 있다.
3. 생각하고 계획한 일의 필요성을 판단할 수 있다.
4. 언어, 계획, 판단 능력으로 미지의 세계에 대한 호기심을 느끼고 창조의 기쁨을 누릴 수 있다.
5. 생식이라는 동물적인 본능을 뛰어넘어 연애의 감정을 느낄 수 있다.
6. 쾌감이라는 기억이 축적되면서 또 다시 그것을 느끼고 싶다는 욕구, 즉 의욕을 가질 수 있다.

이러한 모든 일들은 커다란 두뇌가 있기 때문에 가능하다. 두뇌의 또 다른 중요한 특성은 '가소성'이 있다는 사실이다. 즉 두뇌는 환경의 변화라는 자극에 대응하여 시냅스를 만듦으로써 보다 많은 신경세포망을 형성해가는 능력을 가지고 있다. 이것은 여러 가지 부품의 조립으로 이루어진 컴퓨터는 절대로 흉내 낼 수 없는 능력이다.

두뇌가 가소성을 가지고 있다는 것은 뇌가 외부 세계에서 들어오는 다양한 자극에 대해 유연하게 대응하는 성질을 가지고 있다는 의미다. 1,000억 개의 신경세포가 단순히 잠재능력을 지닌 신경세포로서 존재한다면 별 의미가 없다. 신경세포끼리 접속하여 신경회로망이 형성되어야 비로소 여러 가지 다양한 정보를 처리할 수 있다. 그러므로 균형 있는 자극을 줄 수 있는 환경이 필요하다.

외부 세계의 자극에 유연하게 반응하면서 신경세포 간의 연결고리를 만들어가는 성질이 바로 두뇌의 가소성이다. 다시 말하면 뇌가 유연하게 반응하는 성질을 가질수록 신경세포는 쉽게 연결된다. 그러나 신경세포의 수가 1,000억 개나 되다 보니 시냅스의 수도 엄청날 수밖에 없다. 시냅스가 너무 많아도 문제가 되기 때문에 '뉴러널 엘리머네이션 neuronal elimination'이라는 현상이 발생하여 낭비를 줄이고, 우수한 선수만을 남기는 활동이 끊임없이 이루어진다. 그런 활동이 가장 활발하게 이루어지는 시기는 3살까지다.

생후 0~3살까지의 시냅스의 밀도를 조사해보면 1평방 밀리미터에 15억 개나 있지만, 15년 후에는 10억 개 정도로 감소한다. 불필요한 것들을 잘라버리고 필요한 것만을 남기는 이러한 현상이 뉴러널 엘리머네이션인데, 그 구조는 아직 확실히 밝혀지지 않았다.

신경세포 사이에서 홍분 전달이 이루어지는 부위인 시냅스는 한 신경세포의 종말 부위와 다른 신경세포의 수용체receptor, 그리고 그 사이에 6만 분의 1밀리미터의 물리적인 간격으로 이루어져 있다. 신경전달물질이 이 물리적 틈을 통과함으로써 홍분이 전달된다. 가소성은 시냅스의 수뿐 아니라 신경전달물질이 많은가 적은가, 그것을 받아들일 기회가 있는가 없는가, 채널이 열려 있는가 그렇지 않은가에 따라 변형을 보이면서 진행된다.

근원적 체험은 오감을 통해 형성된다

많은 사람들이 어린시절에 느낀 쾌감의 기억을 인생 목적의 기반으로 삼는다. 전원 풍경과 숲의 냄새, 바닷바람의 감촉, 여행지에서 눈부신 석양을 바라보던 기억, 아이들과 따뜻한 건초 더미에서 뒹굴고 숨바꼭질 하던 시절, 부모와 함께 즐겁게 지낸 기억 등이 바로 긍정적인 근원적 체험을 구성한다.

어린시절의 이런 근원적 체험을 다시 체험하고 싶어 하는 사람들이 많다. 근원적 체험이 풍부한 사람은 그것을 기초로 하거나 삶의 중심으로 삼아 대단한 창조력을 발휘하기도 한다. 소설, 미술, 음악 등 각 분야의 많은 예술가들이 처음 내놓는 작품이 근원적 체험에 바탕을 두고 있다는 사실은 그리 놀라운 일이 아니다.

오감으로 느끼는 근원적 체험의 세계에 있을 때는 쾌감신경이 자극을 받아 신경전달물질인 도파민이나 베타 엔도르핀이 듬뿍 분비된다. 영혼의 유토피아란 이런 기억의 저변에 깔려 있는 근원적 체험일 것이다. 따라서 우리는 아이들이 오감으로 쾌감을 느낄 수 있는 환경을 만들어주어야 한다. 아이를 키울 때는 웃는 얼굴과 부드러운 목소리, 엄마의 냄새와 따뜻한 감촉, 맛있는 음식의 맛과 같은 생물적 감각으로 느끼는 기분 좋은 자극으로 두뇌에 쾌감을 주어야 한다. 쾌감이 충만했던 근원적 체험, 즉 놀이에 아름다운 인생이 달려 있기 때문이다.

고시라카와가 편찬한 『료진히쇼』에 이런 말이 있다.

"유희 없이는 살 수 없다. 놀이 없이는 살 수 없다. 유희를 즐기는 아이들의 목소리를 들으면 나도 모르게 흥에 겨워 몸을 흔들게 된다.”

여기에서 말하는 유희란 바로 근원적 체험 속에서 즐거움을 맛보는 것을 말한다. 역사학자 요한 호이징거도 인간을 ‘호모 루덴스Homo ludens’ 즉 ‘유희하는 인간’이라고 했다. 하지만 근원적 체험 속에서 기억하고 싶지 않은 일을 겪었던 경우는 어떨까.

일반적으로 인간의 뇌는 좋지 않은 일을 잊으려고 하는 경향이 있다. 하지만 어린시절에 고통스런 체험을 하게 되면 그 내용이 머릿속에 고스란히 각인된다. 예를 들면, 여성의 경우 성적인 학대를 받았던 경험, 남성의 경우 엄마가 없는 어린시절을 보낸 경험이 그것이다. 어떤 사람들은 어린시절에 겪었던 애정 결핍이나 극심한 정신적 스트레스로 인해 평생 비정상적으로 행동하며 살아가기도 한다.

어쨌든 인생의 모든 방향이 근원적 체험에 달려 있다고 해도 과장된 표현이 아니다. 근원적 체험은 사춘기의 밑그림이 되고, 그 후 평생 동안 삶의 태도와 마음가짐을 형성하는 기초가 된다. 다시 말하면 개인의 인생사에 큰 영향을 미치는 것이다.

자연의 다양한 생명체와 접촉한 경험을 근원적 체험으로 가지고 있는 아이는 성장하면서 생명의 존엄성을 인식하고 남을 잘 이해하는 성향을 갖게 된다. 이는 여러 가지 실제 사례를 통하여 입증된 사실이다.

두뇌의 가소성은 9살까지 가장 활발한 활동을 보이지만 평생 계속되는 과정이기도 하다. 항상 호기심을 가지고 미지의 세계에 도전하는 사람은 죽을 때까지 두뇌의 활성화가 지속된다.

3

기억력이 좋은 사람이 머리 좋은 사람은 아니다

머리가 좋다는 것은 공감각이 뛰어나다는 의미다

단순히 기억력이 좋다고 해서 머리가 좋다고 단정할 수는 없다. 편향적 교육체제 속에서 정해진 루트를 사이보그처럼 움직이는 학생은 일류 학교에 들어갈 수 있을지 모른다. 두뇌의 하드웨어에 기계적으로 지식을 입력해놓고 시험을 치를 때 앵무새처럼 대답하기만 하면 경쟁자들을 제치고 최고 학교 최고 학부에 들어갈 수 있을 것이다. 사람들은 이런 젊은이를 가리켜 머리가 좋다고 칭찬한다.

하지만 이런 사람이 사회로 진출하면 어떻게 될까. 현대사회는 어지러울 정도로 빠르게 변화하고 있다. 두뇌의 하드웨어에만 지식을 채워 넣은 사람은 로봇과 다름없다. 이런 사람은 급변하는 사회나 세상에 제대로 적응하지 못한 채 항상 불안감에 시달리며 살아가게 된다.

이런 문제가 발생하는 이유는 전두엽의 소프트웨어가 단련되어 있지 않기 때문이다. 전두엽의 소프트웨어, 즉 전두연합야는 인간의 행동을 프로그래밍하는 중심 센터다. 그곳이 유연하지 못하면 변화하는 환경에 잘 적응하지 못하기 때문에 자살 따위의 극단적인 행동을 취하거나 발기부전 같은 성기능 장애를 겪게 된다. 이런 문제를 안고 있는 사람은 정서적으로 불안정해 사회생활도 쉽지 않고 이성과도 원만한 관계를 유지하기가 어렵다.

부모의 열성으로 소위 엘리트코스를 밟는 젊은이들의 대부분은 남성이다. 요즘 남성들이 나약한 모습을 보이는 이유도 바로 이런 현실에서 찾을 수 있다. 두뇌의 하드웨어에 입력된 지식이 다양한 교육을 통해 정상적으로 활용되지 못한다면 그것은 인간의 지능이 될 수 없다.

지능은 교양과 일맥상통하는 말이다. 교양은 지식을 통째로 암기해서 얻어지는 것이 아니라, 어떤 문제에 직면했을 때 능동적으로 자료를 찾아가며 미지의 세계에 도전할 수 있는 능력을 말한다. 영어로는 교양을 'culture'라고 하는데, culture는 원래 '밭을 간다'는 의미다. 교양을 쌓는 일은 땀을 흘려 농작물을 경작하며 쾌락을 느끼는 것과 다를 바 없다. 머리 좋은 사람은 이렇게 행동한다. 다시 말해서 머리가 좋다는 것은 인간다움을 잘 표현할 수 있다는 의미다.

인간다움을 동반하지 않는 지능지수IQ는 아무런 쓸모가 없다. 원래 지능지수 자체도 머리가 좋은 사람을 선별하기 위한 기준이 아니었다. 20세기 초에 핸디캡을 가진 사람을 정상인과 구별하기 위해 서양에서 개발한 것이다. 내가 말하는 머리 좋은 사람이란 두뇌의 소프트웨어인 전두연합야가 잘 단련된 사람이다.

천재 점균박사 미나카타 구마구스는 초등학교 시절에 일본 최초의 도설 백과사전인 『화한삼재도회』를 통째로 기억하여 필사했던 인물이다. 그가 그런 기억력을 가질 수 있었던 것은 어린시절부터 그림을 그려왔고 남달리 동식물에 대한 애착이 강해서 이미지를 재생하는 능력을 발달시켰기 때문이다. 그는 단순히 암기 능력만 뛰어났던 인물이 아니었다. 책을 읽으면 글씨와 그림에서 향기와 풍경을 되살릴 수 있는 뛰어난 공감각을 가지고 있었던 것이다. 바로 이런 능력을 가진 사람이 머리가 좋은 사람

[두뇌의 구조]

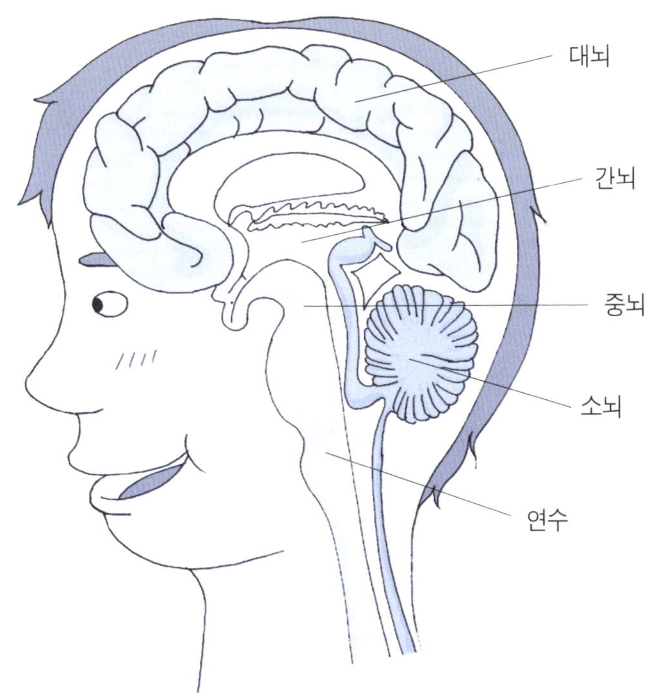

이라고 할 수 있다.

인간이 세상에 갓 태어난 시점에 두뇌의 대뇌신피질에는 이미 140억 개의 세포가 있다. 이 수는 죽을 때까지 전혀 증가하지 않는다. 다만, 무게는 태어났을 때 400그램이었던 것이 1년이 지나면 그 2배인 800그램으로 증가한다. 이는 세포 수가 증가한 것이 아니라 세포의 네트워크가 형성된다든지, 세포 주변에 달라붙는 해로운 물질이 다가오면 제거 부위가 생긴다든지, 신경의 누전 방지용 절연체가 형성되면서 늘어난 무게다.

3살 때는 960그램, 20살이 되면 일생에서 가장 무거워져 1,350그램(여성은 1,200그램) 정도로 커진다. 그 후 나이를 먹으면서 약간 감소하기 시작한다. 하지만 걱정할 필요는 없다. 세포가 야위다고 해도 세포와 세포를 연결하는 시냅스가 존재하기 때문이다. 시냅스는 대뇌신피질 전체에 140억 개나 존재하는 세포 하나하나에 각각 1,000~20만 개씩 달라붙어 있는데 머리를 쓸수록 증가한다. 시냅스는 100살이 되어도 증가한다. 단, 그러기 위해서는 머리를 끊임없이 사용해야 한다.

그리고 두뇌는 일부가 나빠지면 다른 부분이 그 기능을 보완하는 성질이 있고, 좋은 자극을 주면 시냅스가 증가한다. 컴퓨터는 한 가지 정보를 대량으로 처리하는 능력 면에서는 인간의 두뇌보다 훨씬 뛰어나고 속도도 빠르지만, 여러 가지 정보를 처리할 때는 서투르고 부품 가운데 하나라도 이상이 생기면 제대로 작동하지 못한다.

인간의 두뇌는 복수의 정보를 병행하여 처리할 수 있으며, 한 부분이 나빠지더라도 전체 기능이 멈추지 않고 다른 부분이 보완해주는 성질, 즉 복귀와 재생이 가능하다는 것이 컴퓨터와 다른 점이다. 그러므로 핸디캡을 가진 아이를 낳았다고 해도 결코 절망하거나 포기하지 말고 훈련을 꾸준히 시킬 필요가 있다.

얼마 전 『오체불만족』, 『태어나서 처음으로 한 말』, 『달의 메시지』 등 장애 극복에 관련된 서적들이 선을 보였다. 또한 최근에는 적극적으로 사회생활을 하는 장애인들이 늘고 있다. 그래서 그런지 어떤 장애를 안고 있다 하더라도 인간적인 교류만 원활하다면 살아가는 데 별 문제가 없음을 새삼 깨닫게 된다.

20~30년 전에 국제과학잡지 『사이언스』에는 다음과 같은 감동적인 기사가 실린 적이 있다. 태어났을 때부터 뇌수종을 앓아 대뇌신피질의 발달이 부진한 아이가 있었다. 하지만 어린시절부터 그에게 오감을 균형 있게 발달시키는 자극을 계속해서 주자, 결국에는 대학까지 졸업했을 뿐 아니라 학술상도 여러 개 받게 되었다. 의사가 그 청년의 뇌를 조사해본 결과, 소뇌를 비롯한 다른 부분이 대뇌신피질의 역할을 대신하고 있었다.

뱃속에서 아이가 발달해가는 과정을 조사해보면, 가장 먼저 형성되는 것이 피부감각이고 그 다음이 운동감각, 그리고 기억계통 순이다. 이것은 생명체의 발달이 중요한 부분부터 차례로 형성되어 간다는 의미다. 단순한 피부감각이 전두연합야로 신호를 보내어 두뇌의 다른 부분과 관계를 맺도록 해주는데, 바로 이과정이 두뇌 전체의 시냅스를 증가시키는 활동이다.

반대로 알츠하이머병이나 뇌혈관 파열로 치매증에 걸린 노인
들은 시냅스가 감소하기 때문에 갓난아기처럼 별 표정이 없으며
기억력도 떨어진다. 물론, 이런 증상은 재활운동으로 어느 정도
는 회복될 수 있다.

스웨덴이나 덴마크에는 다른 국가에 비해 치매 노인이 매우
적다. 일반적으로 병원에서는 치매 노인들을 눕혀 놓고 편히 쉬
게 하는 치료법을 쓰고 있지만, 이 두 국가에서는 자원봉사자를
포함한 사회 전체가 노인의 자립을 목적으로 사람들과의 폭넓은
교류를 치료법으로 이용하고 있다.

400만 년 동안 인간의 뇌는 3배로 커졌다

1974년 도널드 요한슨과 톰 그레이가 에티오피아의 하달 지역
에서 원인猿人의 유골을 발견했다. 최초의 인간이라 불린 이 유골
은 '루시Lucy'라는 이름이 붙여졌는데, 루시라는 이름은 당시 유
행했던 비틀스의 'Lucy in the Sky With Diamonds'라는 노래에
서 따온 것이다.

루시는 나이 20세, 신장 110센티미터, 체중 27킬로그램 정도로
추정되었는데, 허리 아래의 골격을 조사해본 결과 완전한 직립

보행을 했었다는 사실을 알 수 있었다. 그러나 뇌의 용적은 400cc에 불과했다. 현대 인간의 뇌와 비교한다면 신생아의 뇌에 해당하고, 오늘날의 다 자란 유인원의 뇌와도 유사한 크기이다. 루시 이후 약 400만 년 동안 인류의 두뇌는 3배 이상으로 증가한 것이다.

한편, 인간은 왜 직립보행을 하게 되었을까. 인간이 직립보행을 했다기보다는 유인원이 직립보행을 하게 됨으로써 인간이 되었다는 표현이 더 적절할 것이다. 여기에는 다양한 설이 있지만, 나는 종족 보존, 즉 아이를 양육하기 위해 그리고 성관계를 위해 직립보행을 하게 되었다는 요한슨의 주장을 채택하고 싶다.

유인원의 시대는 약 2,000만 년 동안 계속되었다. 이윽고 숲이 점차 사라지고 혹독한 겨울이 도래하였다. 긴꼬리원숭이 같은 적응력이 뛰어난 원숭이들은 전 세계로 흩어져 번식하면서 개체수를 늘렸다. 하지만 고향에 남아 있는 유인원의 수는 점차 줄어들었다. 그러자 손이 많이 가는 유아를 무리 속에서 교육시키고 성장시키려면 두 팔로 끌어안고 얼굴을 마주보는 자세가 가장 바람직하다는 사실을 알게 되었다. 그런 자세를 취하려면 두 발로 서는 방법밖에 없다. 얼굴을 마주보면서 음성을 통해 대화하고 손과 가슴으로 접촉하면 아이의 변화와 욕구를 쉽게 알아차릴 수 있다.

진화 과정에서 인간은 본능적인 생활에 만족하지 않고 그림 그리기 등의 놀이를 즐기면서부터 두뇌가 비약적으로 발달하게 되었다. 인간은 놀이를 즐기는 존재라는 의미로 호모 루덴스(유희하는 인간)라는 말도 생겼다.

이처럼 유인원은 직립보행을 함으로써 인간으로 진화할 수 있었다. 직립보행이 가능해지자 발끝에 체중을 싣고 산과 들을 달릴 수 있었고, 자유로워진 손으로는 도구나 무기를 만들었으며 동료들과의 신체 접촉도 활발해졌다. 식습관도 바뀌어 음식물을 단순히 마시고 삼키는 것에서 발전해 씹는 기능을 강화할 수 있었다.

지금 열거한 손, 발, 턱 등의 감각을 통해 얻은 정보는 척수를 통해 간뇌의 대부분을 구성하는 시상을 거쳐 두뇌 중심구의 뒤쪽에 위치한 '체성감각야(신체의 활동정보를 뇌에 전달하는 창구)'로 보내진다. 체성감각야에 도달한 피부와 근육과 힘줄의 감각정보는 두정연합야가 받아들여 공간인식이나 활동정보로 변환해 손발의 운동을 제어하는 한편, 모든 정보를 가장 발달한 감각인 시각정보와 조합해 보다 다양한 운동을 제어한다. 이때 활약하는 것이 중심구 앞쪽에 있는 운동전야라는 연합야다. 그리고 소뇌는 시간적, 공간적으로 운동을 세밀하게 조정한다.

루시 같은 오스트랄로피테쿠스는 이런 식으로 체성감각야로 정보를 많이 흘려보냄으로써 두정연합야를 확대시켰다. 그리고 이런 방식은 불을 사용한 북경원인이나 구석기시대의 네안데르탈인까지 이어지게 된다.

네안데르탈인 이후에는 크로마뇽인이 나타난다. 두 화석 인류의 두개골 용적을 측정해보면 양쪽 모두 1,500cc 정도로 비슷하지만 전두엽에서 현저한 차이를 보인다. 그 이유는 무엇일까.

네안데르탈인도 무기나 도구를 만들어 썼던 뛰어난 인류였다. 그들이 만든 정교한 석기도 여러 종류가 발견되었다. 하지만 그들이 만든 물건들은 모두 실용적인 것들이었다. 즉 순수하게 유희나 장식을 위한 것은 없었다.

하지만 크로마뇽인의 삶은 달랐다. 그들에게는 유희의 싹이 움트고 있었다. 예를 들면, 크로마뇽인은 수많은 그림을 동굴에 남겼다. 동물, 인간, 태양, 무기, 그리고 그림문자로 보이는 기호 등. 그런 것들이 일상생활에 무슨 도움이 되었을까. 배불리 먹고 아이를 키우고 편히 살다가 죽으면 될 텐데 왜 그런 행위를 했던 것일까. 해가 뜨고 지는 자연의 시간과 리듬에 맞추어 살아가는 것만으로는 충분치 않았단 말인가.

크로마뇽인은 본능적인 생활만으로는 만족하지 않았다. 벽에 그림을 그려놓고 감상하고 서로 비교하면서 쾌감을 느꼈다. 그림은 문자 기능을 하기도 했다. 그들은 그림문자가 다른 사람과 교류할 수 있는 수단이 될 수 있다는 사실도 알았다. 드디어 본능적인 행동이 높은 수준의 문화로 도약하기 시작한 것이다.

언어의 싹이 트면서부터 전두엽이 부풀어 올랐다. 그 중에서도 특히 전두연합야가 부풀어 올랐다. 뇌의 소프트웨어로 불리는 이곳은 언어계통을 도구로 삼아, 사고, 계획, 판단, 창조를 총괄 지휘하고 이성에 대한 관심을 유발하면서 의욕을 불러일으키는 인간 행동의 프로그래밍 센터로 미래에 수행해야 할 큰 임무를 가지고 있었다. 언어로 의사소통을 하면서 문명을 구축해온 현대인이 가지고 있는 전두엽의 넓이는 대뇌신피질 전체의 3분의 1에 해당한다. 한 마디로 크로마뇽인은 네안데르탈인보다 머리가 좋았다고 할 수 있다.

어쨌든 우리 조상들은 손, 발, 머리를 자유자재로 사용하고 커뮤니케이션 수단으로 문자를 개발함으로써 두뇌를 확대시켜왔다. 그리고 그 과정에서 전두연합야가 매우 중요한 역할을 했다.

동물적 감각이 발달하면 창조력이 뛰어나다

반세기 동안 나는 많은 사람들을 만나왔다. 현재의 시점에서 확신하고 있는 것은 머리가 좋은 사람들은 전부 감성이 뛰어났다는 사실이다. 감성이란 당연히 동물적인 감성을 말한다.

인간은 여러 가지 냄새를 구별할 수 있고 '부드럽다', '거칠다' 하는 촉감도 느낄 수 있다. 음식을 먹을 때도 맛의 차이를 안다. 동물처럼 아무것이나 닥치는 대로 먹지 않고 단맛, 신맛, 쓴

맛, 매운맛을 구별하면서 음식을 먹는다. 또한 이런 원시감각들과 더불어 뛰어난 청각과 시각도 가지고 있다. 소리만 듣고서도 색깔과 형태를 그릴 수 있고, 반대로 색깔이나 형태를 보는 것만으로도 소리나 냄새를 느낄 수도 있다. 또한 특유의 향기나 맛에 대한 이해의 폭이 매우 넓다. 인간에게는 이렇게 여러 감각을 서로 연계시킬 수 있는 공감각이 발달해 있다.

원숭이나 인간 같은 고등 동물은 비교적 새로운 뇌인 대뇌신피질이 본능이나 감정 시스템을 조절하는 대뇌변연계나 시상하부, 뇌간을 지배한다. 이는 새로운 것이 오래된 것을, 상위가 하위를 지배하는 명령체계라 할 수 있다. 또한 대뇌신피질의 활동이 본능이나 감정을 풍부하게 수용해왔기 때문에 과거의 피질, 즉 변연계 위에 입지를 확실히 구축할 수 있었다. 복잡한 정신활동을 주관하는 전두연합야의 활동이 그다지 중요하게 여겨지지 않는 원시감각으로 지탱되고 있다니 놀라운 일이 아닐 수 없다.

어린시절에 뇌의 하드웨어에 지식만 채워 넣고 허상이나 상상만으로 감각을 충족시켜온 사람들이 급변하는 사회에 내던져졌을 때는 그 대가를 톡톡히 치러야 한다. 죽은 지식만으로 채워진 두뇌는 새로운 변화에 직면하면 제대로 기능을 발휘하지 못한다. 하지만 머리가 좋은 사람은 유연한 두뇌를 가지고 있어 혹독한 환경 변화에 융통성 있게 대처할 수 있다.

흔히 기억력이 뛰어난 사람을 수재라고 부른다. 독창성이 있든 없든 무조건 암기 능력만 뛰어나면 수재라고 하는 것이다. 이는 두뇌 능력을 마치 백과사전처럼 여기기 때문이다. 즉 지식을 얼마나 많이 저장할 수 있느냐에 따라 두뇌 능력이 결정된다고 생각한다.

내 생각은 좀 다르다. 비록 수재라 불리진 않더라도 정서가 풍부하고 독창적인 사람이라면 기존 지식을 기반으로 창조적인 능력을 발휘할 수 있다. 21세기에는 그런 인물들이 다양한 연구 분야로 많이 진출했으면 하는 바람이다.

인간이 진화하면서 두뇌가 고도로 발달할 수 있었던 것은 놀이문
화 덕분이었습니다. 마찬가지로 아이의 두뇌는 읽기, 쓰기, 계산
하기 등의 공부보다는 놀이를 통해 발달합니다. 시각, 청각, 후각,
미각, 촉각, 피부감각, 즉 오감을 이용해 마음껏 뛰어놀 환경을
만들어주어야 합니다.

오감을 이용해 마음껏 뛰어놀게 하라

4. 두뇌는 놀이를 통해 성숙해진다

5. 인간은 놀이문화의 발달로 진화했다

6. 3살까지는 우뇌가 주도적인 역할을 한다

7. 두뇌 활동의 기반은 원시적 감각이다

8. 전두엽은 행동의 프로그래밍 센터다

두뇌는 놀이를
통해 성숙해진다

두뇌 발달은 아이의 그림에 나타난다

프랑스의 심리학자 앙리 왈롱은 소위 자기경상인지^{自己鏡像認知}
(거울에 비친 자신의 모습을 인지하는 것)라는 실험을 통해 생물학
적 요인과 사회적 요인에 의한 유아의 정신발달 과정을 알아보
았다. 이 고전적인 연구에서 밝혀진 유아의 발달 과정은 3단계
로 구분된다.

1단계는 생후 6개월~1살 시기다. 이때는 거울에 비친 자신의 모습을 실물인 것으로 여기고 웃거나 손을 뻗어 만지려고 한다. 다른 사람에 대해 반응을 보이는 시기다.

2단계는 1~2살 시기다. 실제 모습과 거울에 비친 모습의 관계를 재미있게 받아들인다. 그러면서도 뒷걸음질을 치거나 울음을 터뜨리기도 한다. 엄마의 모습을 거울에 보이게 해놓고 "엄마 어디 있어요?"라고 물어보면, 아이는 거울 속의 엄마를 가리켰다가 진짜 엄마를 돌아보고 웃는다. 거울 속의 모습이 가짜라는 사실을 이해하는 것이다.

3단계는 2살 이후로 자기인식의 시기다. 아이의 몸 어딘가에 색을 칠하면 그 부분을 손으로 만져본다. 엄마가 "우리 왕자님은 누구?"라고 물으면 자신을 가리키거나 자신의 이름으로 대답한다. '나는 누구다' 라는 자기인식이 뚜렷해진다.

한편, 인간과 동물의 가장 큰 차이는 놀이에서도 드러난다. 인간이든 원숭이든 어린시절부터 놀이를 즐긴다. 하지만 인간이 죽을 때까지 놀이를 즐기는데 반해, 원숭이는 일정 연령에 도달하면 더 이상 놀이를 즐기지 않는다. 예를 들면, 일본원숭이는 어릴 때 놀이를 즐기다가 7~8살의 성년에 이르면 놀이에 대한 흥미를 잃는다. 고릴라도 6살에 도달하면 놀이를 즐기지 않는다.

문명의 진보와 함께 인간은 다양한 놀이를 연구해왔다. 이는 대뇌신피질계가 확대되면서 점차 유능해진 두뇌 소프트웨어 덕분이다. 놀이는 바로 정신활동에 의해 연출되는 것이다. 나이를 먹어도 두뇌가 활성화되어 있으면 놀이를 멈추지 않으며, 놀이를 계속함으로써 또 다시 두뇌가 활력을 회복한다.

동물의 뇌는 태어날 때부터 거의 성숙해 있지만, 그래도 아직 미성숙한 부분은 모방 놀이를 통해 더욱 성숙한다. 놀이는 정신 발달뿐 아니라 신체 발달도 촉진시키며 사회성도 키워준다. 어린 아이는 부모나 형제를 상대로 놀이를 즐길 뿐 아니라, 애완동물과도 즐겁게 놀고 인형이나 장난감을 상대로 놀기도 한다. 때로는 자기 자신을 상대로 혼자 놀기도 한다.

그런 놀이에 익숙한 아이에게 그림을 그리게 하면 종이 위에 순수한 마음을 그대로 표현한다. 재미있는 사실은 두뇌의 발달과 함께 아이가 그리는 그림의 형태와 색채가 변한다는 것이다. 2살 후반부터 3살까지의 아이가 그리는 '두족인頭足人(머리와 다리만 그려진 인간)'은 아이의 날카로운 안목을 잘 보여준다. 아이는 사람의 움직임 가운데 가장 변화가 많은 부분을 그린다.

두족인은 신체의 불필요한 부분들을 모두 배제시킨 우주인 같은 모습이다. 문어를 두족류라고 부르니까 어떤 그림인지 쉽게 상상할 수 있을 것이다. 아이는 우선 얼굴을 그리고, 얼굴 안에는 자주 움직이는 눈과 입을 먼저 그려 넣는다. 얼굴을 다 그리고 나서는 손과 발을 그린다. 아이에게는 몸체가 별 의미가 없어 보이는 것이다.

그림을 그리는 행위는 아이의 언어 습득 과정을 잘 표현해준다. 아이는 언어를 이해하면서 그 의미를 색채와 형태로 표현할 수 있다. 아무리 머리 좋은 침팬지라도 그런 행위를 도저히 해낼 수가 없다.

아이는 놀이를 통해 인간관계를 배운다

교토대학 자연인류학 교수인 니시다 도시사다는 새끼 침팬지들의 놀이를 관찰하면서 재미있는 현상을 발견했다. 1살 정도 된 어린 침팬지들의 놀이는 사회적인 놀이가 아니라, 한 장소를 공유한 채 각기 따로 즐기는 '혼자 하는 놀이'라고 한다. 이는 마치 한 모래사장에서 아이들이 각자 따로 모래장난에 열중하고 있는 것과 비슷하다. 이것은 놀이의 초기 형태다. 이런 기초적인 놀이는 레슬링이나 술래잡기 같은 사회적인 놀이로 변해간다.

2살이 되면 동료들과의 교류 자체가 놀이의 구심점이 된다. 새끼 침팬지는 3~4살이 되어도 모유를 먹고 어미의 품에 안겨 이동하지만, 운동 기능은 상당히 발달하게 된다. 그들은 1~2살의

어린 침팬지를 보면 호기심을 느끼고 달려가 장난을 친다. 공중
제비도 능숙하며 때로는 폭군으로 변해 1살짜리 새끼 침팬지를
붙잡고 레슬링을 하기도 한다. 또한 어미를 중심으로 뛰어다니
며 술래잡기도 한다.

인간과 마찬가지로 침팬지 역시 출산에 계절성이 없기 때문에
연령과 성장 상태가 다양한 새끼들이 한 데 어우러져 생활한다.
이때 나이 어린 침팬지는 좀 더 나이든 침팬지와의 놀이를 통해
서 정신적, 육체적으로 성장한다. 이런 과정에서 새끼 침팬지는
자신보다 더 어린 침팬지와 거친 놀이를 할 때 힘을 빼고 상대를
배려하는 법을 배우기도 한다.

오늘날 도시 지역의 학생들은 학교 동급생 외에는 함께 놀 친
구가 거의 없기 때문에 여러 가지 문제를 안고 있다. 학교에서
돌아오면 부모가 정한 혹독한 학습계획에 따라 즉시 학원으로
달려가야 한다. 마음껏 뛰어놀 수 있는 여유와 공간이 없기 때문
에 이런 학생들의 두뇌 소프트웨어는 제 기능을 하지 못한다.

침팬지도 관심을 끌기 위한 행동을 한다. 자신의 동생이 탄생
한 후 몇 개월 안에 종종 이런 행동을 보인다. 어미가 갓 태어난
새끼를 끌어안고 있으면 어미 등에 올라타거나, 동생의 털을 골
라 주는 어미의 품에 끼어들어 자신의 털도 골라 달라고 요구한
다. 충격적인 사실은, 새끼 침팬지가 5살이 되기 전에 어미가 죽

요즘 엄마들은 책을 비롯한 각종 자료를 통해 육아법을 배우지만, 정작 중요한 점은 놓치는 경우가 많다. 어미 침팬지는 배우지 않아도 새끼를 훌륭하게 키운다. 이처럼 올바른 육아란 어떤 특별한 교육을 말하는 것이 아니라 엄마가 아기에게 모유를 먹이면서 많이 접촉하고 교감을 나누는 일이다.

으면 따라 죽는 경우가 많다는 점이다. 단, 어미가 죽어도 나이든 오빠나 누나가 있을 때는 그들이 동생을 보살펴준다. 새끼 침팬지가 6살이 지나면 어미가 죽더라도 따라 죽지 않는다. 한편, 침팬지에게 6살은 놀이를 그만두는 나이에 해당한다.

8~9살 정도의 수컷 침팬지가 어미가 죽자 따라 죽은 극단적인 사례도 보고되어 있다. 그 수컷은 어미가 죽은 후 식욕을 잃고 야위기 시작했는데, 3주 정도 지날 즈음에는 체중이 3분의 1가량 줄었다. 그리고 어미가 죽은 장소에서 50미터 반경 내에 머물다가 4주 정도 지나 죽어버렸다.

3~4살이 지나면 스스로 먹이를 구할 수 있는데도 어미가 죽으면 따라 죽는 것은 새끼가 모유 이상의 신체적 접촉을 필요로 하기 때문이다. 그것이 충족되지 않으면 정신적인 스트레스가 쌓이고, 위염 따위의 병이 생겨 결국 죽음에 이르게 된다. 어미와의 접촉을 통해 마음의 평온을 얻는 존재는 인간만이 아니다.

침팬지 어미가 육아 서적 같은 것을 참고할 리 없다. 그런데도 그들은 창의적인 방법으로 세심하게 새끼를 키운다. 새끼가 위험하다고 인식되면 즉시 팔을 뻗어 감싼다. 현대적인 육아법에 따라 아이를 키우는 요즘의 엄마들은 정말로 중요한 것이 무엇인지를 침팬지에게 배워야 한다. 침팬지 어미들은 새끼가 풍부한 개성을 갖도록 키운다.

과보호는 두뇌의 성장을 방해한다

전두연합야를 비롯한 여러 연합야는 고등한 동물일수록 발달해 있다. 머카크류에 속하는 일본원숭이나 붉은털원숭이 등 보통 원숭이들에게도 전두엽에 연합야가 있다. 또한 두정엽과 측두엽의 연합야도 구분되어 있다. 그러나 아직도 시각야와 그 주변 부위가 상당히 넓은 장소를 차지하고 있다.

오랑우탄이나 침팬지의 경우는 연합야가 더욱 넓어진다. 하지만 시각야의 대부분이 아직 표면에 나타나 있다는 점이 인간과 다르다. 인간의 경우는 시각야가 대부분 대뇌의 안쪽에 감추어져 있고, 그 대신 두정엽에서 측두엽에 이르는 연합야가 상당히 발달하여 표면을 뒤덮고 있다. 인간의 두뇌에서 전두연합야가 소프트웨어라면 다른 연합야들은 지각하고 인지하는 이른바 하드웨어에 해당한다. 뇌 생리학자인 도키자네 도시히코는 이 점에 대해 다음과 같이 설명한다.

"우리 뇌에서는 운동이나 동작과 관련된 인상은 주로 운동전야(연합야)에, 운동의 패턴으로 인식과 관련된 인상은 주로 두정연합야와 후두연합야에, 촉각, 청각상, 시각상 같은 본능이나 감정과 관련된 것은 주로 대뇌변연계의 변연피질에 기록된다."

두뇌 하드웨어는 신피질의 정보를 처리하고 운동을 촉진하는 곳인데, 이 하드웨어를 가동시켜 우리가 인간답게 행동하도록 만들어주는 영역이 전두연합야라는 소프트웨어다. 전두연합야는 한편으로는 활동을 증가(홍분)시키기도 하고 다른 한편으로는 활동을 약화(억제)시키기도 한다. 홍분에 의해 나타나는 플러스 작용이 의욕, 창조의 정신이다. 반면, 억제에 의해 나타나는 마이너스 작용이 인내, 억압, 제지의 정신이다. 그리고 플러스와 마이너스의 정신을 총괄하는 힘이 바로 의지력이다.

인간에게는 의지력이란 놀라운 정신을 가지고 있지만, 다른 영장류에게는 대뇌변연계에 의해 조절되는 감정과 욕망밖에 없다. 현대 인간사회에서는 출산율이 저하되면서 부모가 아이를 과보호하는 세태가 만연하고 있다. 아이를 지나치게 보호하면 전두연합야의 억제력이 충분히 발달하지 않는다. 그 때문에 아이들은 사소한 불편도 참지 못하고 종종 무기력한 모습을 보이는 것이다.

게다가 요즘 아이들은 과거 아이들에 비해 체격은 좋아졌을지 모르지만 체력은 오히려 떨어졌다. 통계조사에서도 알 수 있듯이 아이들의 체력이 현저히 떨어지면서 신체의 유연성도 저하되고 있다. 그 원인이 오로지 공부에만 매달리고 운동 부족에다 수면을 충분히 취하지 못하고 있기 때문이라니 정말 심각한 일이 아닐 수 없다.

5

인간은 놀이문화의 발달로 진화했다

인간은 전두엽 덕분에 놀이를 즐길 수 있다

학술적으로 인간을 칭하는 이름은 다양하다. 호모 사피엔스 Homo sapiens 는 현명한 인간이라는 뜻이고, 호모 에렉투스 Homo erectus 는 직립인간이라는 뜻이다. 그리고 네덜란드의 문명사가인 호이 징거는 인간을 호모 루덴스 Homo ludens, 즉 유희하는 인간이라고 했다.

뇌의 앞부분에 있는 전두엽이 발달한 인간만이 다양한 놀이를 즐길 수 있다. 예를 들면, 꿀벌에게는 놀이가 없다. '꿀벌의 춤'이라고 불리는 행동이 있기는 하지만, 이것은 본능적인 행동에 지나지 않는다. 페달을 밟으면 뇌 안에 약한 전류가 흘러 들어가는 자극 장치를 부착한 쥐는 쾌감을 얻기 위해 끊임없이 페달을 밟는다. 쾌감이라는 보상을 얻기 위해 뇌를 계속 자극하는 행위를 하지만, 이것도 놀이는 아니다.

고등한 동물인 원숭이는 별개로 치고, 대부분의 동물들은 유전자에 조합된 개체유지와 종족보존이라는 본능에 따라 행동한다. 즉 하등 동물 사회에서는 놀이가 존재하지 않는다. 인간은 유아기의 발달 과정에 맞추어 조립된 신경회로가 내리는 지령에 따라 행동하는 반면, 동물은 뇌의 유전자 안에 조합된 스케줄에 따라서만 행동하며 그 스케줄에서 벗어난 행동은 할 수 없기 때문이다.

원숭이의 경우, 모든 행동의 80%가 먹이를 찾는 데 소비된다. 야생 사회에서는 개체를 유지하기 위해 암컷과 수컷이 만나서 짝을 짓는 것조차 쉬운 일이 아니다. 그러나 인간에게 먹이를 제공받는 원숭이들의 행동은 야생 원숭이들과는 근본적으로 다르다. 그들은 식사 시간이 되면 먹이를 배불리 먹을 수 있고 마음 놓고 잠을 잘 수 있다. 이렇게 편안한 생활을 할 수 있는 원숭이들은 아무런 걱정이 없다. 사육되는 원숭이가 야생 원숭이의 행동과 다른 이유가 바로 여기에 있다.

인간도 마찬가지다. 부모를 잃고 굶주림에 허덕이는 소말리아의 아이들은 놀이를 즐길 여유가 없다. 기본적인 욕구인 식욕이 충족되어야만 놀이를 즐길 수 있는 여유가 생긴다.

놀이란 새로운 무엇인가를 발견하는 일이다. 고등 영장류도 종족보존이나 개체유지와 관계없는 놀이를 즐긴다. 도구를 사용할 줄 아는 침팬지는 50센티미터 정도의 막대를 들고 먹이를 잡는다. 막대 한쪽 끝은 단단한 삽 모양으로 생겼고 다른 한쪽은 붓끝처럼 생겼는데, 이것으로 땅을 파서 그 안에 있는 벌레를 긁어모으거나 막대를 타고 기어 올라오는 벌레를 먹는다. 이런 행동은 분명 놀이라고 볼 수 있다.

이런 놀이를 낳는 것은 호기심이며 호기심은 바로 전두엽에서 발생한다. 인간의 전두엽이 대뇌신피질 전체에서 차지하는 용량은 원숭이의 10배, 침팬지의 3배이므로 잘 발달된 전두엽은 인간이라는 사실을 증명하는 것이다. 이런 점에서 인간은 놀이를 마음껏 즐겨야 하는 존재다.

놀이를 모르는 인간은 어리석은 인간이다

원시 어류에서 양서류, 그리고 대뇌신피질이 형성되기 시작한 파충류, 조류, 포유류로 진화하면서 놀이의 질은 점차 높아졌다.

현생인류인 크로마뇽인은 넓고 높은 이마를 가지고 있었으며, 현대인과 거의 차이가 없는 매우 발달한 전두엽을 가지고 있었다. 크로마뇽인이 발달한 전두엽을 가지고 있었다는 사실은 프랑스 서남부 도르도뉴 지방의 라스코 동굴에 남긴 선사시대의 벽화에 분명히 나타나 있다. 이 벽화는 오늘날 '예술의 기원'이라고 불리고 있다.

벽화의 주류를 이루는 것은 동물이지만 시뉴signe(프랑스어로 '기호'라는 의미)라는 상징적인 그림도 그려져 있다. 시뉴는 추상적인 언어를 표현하고 있다. 이를테면 남녀의 성기는 삶을 상징하고 투창이나 상처는 죽음을 상징한다. 놀이문화가 그들의 마음을 움직여 여러 가지 시뉴를 그리게 했을 것이다. 즉 동굴벽화는 삶과 죽음, 그리고 남성과 여성과 관련된 크로마뇽인의 세계관을 표현하고 있다. 그리고 현실과 영적 세계를 매개하는 샤먼의 활동도 표현한 것으로 보인다.

일반적으로 예술이란 특별한 재료, 기교, 양식에 의해 미를 표현하거나 창작을 자극하여 내적 쾌감을 이끌어내는 것이며, 예술작품이란 단순한 실용성을 넘어서 미적 의식을 표현한 것이라고 정의할 수 있다. 그렇다, 예술은 기본적인 생존에 반드시 필요한 활동이 아니다.

크로마뇽인의 동굴벽화는 샤먼이 무아지경에 빠졌을 때 본 환상을 그린 것이라는 설도 있다. 샤먼은 손을 휘저으며 격렬하게 노래를 부르거나 특이한 춤을 추면서 영혼과 교감을 나누었을 것으로 추정된다. 이런 행동은 기본적인 욕구 충족과 종족보존 같은 본능적인 목적이나 실용적인 영역을 넘어선 놀이문화다. 그리고 이것은 점차 거대해지고 있는 전두엽에서 발단이 된 현상이다. 단순히 유전자의 조합에 따라 본능적으로 살아가는 동물들은 절대로 흉내 낼 수 없는 행동이다. 자신에게 잠재된 쾌락을 추구하는 행동은 인간 문화의 특성이라고 할 수 있다.

하지만 오늘의 현실은 어떠한가. 만물의 영장임을 자처하는 인간은 살육과 환경 파괴에 혈안이 되어 있다. 노벨생리학상 수상자인 프랑스의 샤를 리셰는 이런 사실을 개탄하며 인간을 '호모 스털티시무스Homo stultissimus', 즉 '어리석은 인간'이라고 했다. 나는 놀이를 모르는 인간을 어리석은 인간이라고 부르고 싶다.

내가 존경하는 뇌생리학의 대가 도키자네 도시히코 선생도 인간이 놀이를 즐길 수 있는 것은 전두엽의 활동 덕분이라고 말한다. 따라서 놀이를 모르는 인간의 뇌는 전두엽이 제대로 발달되

시각, 청각, 후각, 미각, 촉각, 즉 오감을 이용해 마음껏 뛰어노는 아이의 두뇌는 충분히 활성화된다. 반면에 컴퓨터나 비디오 등의 2차원적 영상에 빠져 있는 아이는 현실과 허구를 혼동하는 경향이 있으며 두뇌도 균형 있는 자극을 받지 못한다.

어 있지 않다.

대뇌신피질은 좌대뇌신피질과 우대뇌신피질로 구분되어 있으며, 좌뇌는 읽고 쓰고 계산하는 일을 담당하고 우뇌는 공간인식, 직감, 음악 등의 감각적인 일을 담당한다. 따라서 놀이는 우뇌를 중심으로 시각, 청각, 후각, 미각, 촉각이라는 오감을 모두 활용하여 다른 사람과 교류하는 행위라고 할 수 있다.

1994년에 노벨문학상을 수상한 오에 겐자부로는 선천적으로 지적 장애를 가지고 있는 아들에게 어릴 때부터 새의 울음소리를 반복적으로 들려주었다. 그의 아들은 5살이 되어서야 풀숲에서 들려오는 뜸부기 울음소리를 구분할 수 있었다고 한다. 그 후 청각을 비롯한 오감을 점차 발달시킨 그의 아들은 마침내 피아노 연주 음반까지 냈다.

장기의 명인인 하부 요시하루가 대국을 할 때 뇌파를 조사해본 결과, 우뇌만을 사용한다는 사실이 밝혀졌다. 우뇌를 사용해야만 순간적으로 전체적인 상황을 파악하고 수십 수 앞을 내다볼 수 있었던 것이다. 읽고 쓰고 계산하는 일을 담당하는 좌뇌만을 이용해 판단하는 방식으로는 상대방의 수에 대한 대처가 늦을 수밖에 없다.

진정한 놀이는 오감을 이용해 즐기는 것이다

이처럼 오감을 이용한 놀이야말로 두뇌를 단련하고 개발하는 좋은 방법이다. 오감을 모두 활용하여 공감각을 발달시키면 훗날 여유 있는 삶을 살 수 있다. 거대한 두뇌를 가지고 있는 인간은 누구나 놀이를 즐길 수 있지만, 현대사회는 놀이문화가 점차 퇴보하는 추세다. 다양한 스트레스에 노출되기 쉬운 환경일수록 자라나는 아이에게는 놀이가 더욱 필요하다.

사실 인간은 놀이 없이는 살아갈 수 없다. 인간의 활동을 자세히 관찰해보면 인간은 놀이를 위해 사는 존재라고 할 수 있다. 놀이를 즐기고 있을 때 인간의 표정은 가장 활기가 넘친다. 하지만 기계문명의 발달과 함께 놀이의 퇴행현상이 일고 있어 사회가 점차 살벌해지고 있다. 최근 흉악한 사건들이 자주 발생하는 근본적인 이유도 바로 그런 현상 때문이다. 인간성은 상실되고 마치 야생 세계처럼 약육강식의 법칙만이 통하는 것 같다.

동물을 마구 학대하고 비디오나 컴퓨터 게임에 나오는 잔인한 장면을 흉내 내는 아이들이 있다. 동물을 죽이는 것으로 쾌감을 얻는 아이는 유아기 체험에 문제가 없었는지 돌이켜볼 필요가 있다. 요즘은 사람을 전혀 상대하지 않고도 자동판매기에서 필요한 물건을 손에 넣을 수 있다. 또한 아이들은 비디오, 컴퓨터,

휴대용 오디오 기기에 빠져 있다. 이런 의사체험 기기에서 얻을 수 있는 것은 허상에 지나지 않는다. 이런 2차원적인 허상에만 둘러싸여 자란 아이들의 두뇌는 현실 속의 생물도 허상으로 인식할 수 있다. 컴퓨터 화면에서는 인간이나 동물이 죽어도 몇 번이고 되살아나는데, 아이들은 현실에서도 그런 일이 가능하다고 착각할 수 있다.

허상의 세계에서는 죽음이 없기 때문에 생명에 대한 연민 따위도 생기지 않는다. 그렇기 때문에 많은 아이들이 생명의 존엄성을 이해하지 못하며, 극단적인 경우는 동물을 괴롭히고 재미삼아 죽이는 비뚤어진 놀이를 즐긴다. 그야말로 어리석은 인간이 되는 것이다.

생활의 기계화가 진행되면서 어른 아이 할 것 없이 모두가 정해진 틀에 맞춰진 삶을 살아가고 있다. 그리고 각종 스트레스 때문에 남성들이 발기부전증에 걸리면서 많은 부부들이 성생활을 아예 외면하고 살고 있다. 아이의 기본적인 욕구를 제대로 충족시켜주지 않는 엄마도 늘고 있다. 요즘의 갓난아기들은 불편한 종이기저귀를 채워도 불쾌감을 호소하거나 울지 않는다. 모유수유를 하는 엄마는 갓난아기와 눈을 마주치지 않은 채 텔레비전을 보거나 엉뚱한 행동을 한다. 조용하고 과묵한 아이들이 증가하는 것도 이런 현상들에 기인한다.

다시 한 번 지적하지만, 놀이는 오감을 모두 활용하여 자연과 교류를 하는 행동이며, 시각에만 의존하는 혼자만의 유희는 위험한 결과를 초래할 수 있다. 현대사회는 지나치게 시각에만 편중되어 있다. 젊은이들이 컴퓨터 등의 2차원 세계에 빠져 좌뇌만을 사용하고 있는 현상이 대표적인 예라고 할 수 있다. 이런 것은 놀이라고 할 수 없다. 접촉도 없고 냄새도 없으며 오로지 시각만으로 성적인 쾌감을 얻는 것도 마찬가지다.

정말로 가치 있는 놀이는 생명의 존엄성을 바탕으로 한다. 생명을 경시하고 말초적인 쾌락만을 추구하는 낮은 차원의 행위는 진정한 놀이가 아니다. 현명한 인간이어야 할 호모 사피엔스는 지금 호모 스털티시무스가 되어 놀이를 모르는 어리석은 인간으로 전락하고 있다.

6

3살까지는 우뇌가 주도적인 역할을 한다

우뇌는 정보를 이미지로 만들어 저장한다

인간의 대뇌는 왼쪽과 오른쪽의 활동에 큰 차이가 있다. 오랜 세월 동안 대뇌는 형태와 기능면에서 좌우대칭이라고 여겨졌다. 하지만 1860년경 프랑스의 한 의사가 오른쪽 손발이 마비된 사람에게 실어증이 나타난다는 사실을 발견했고, 연구를 거듭한 결과 언어중추가 좌뇌에 있다는 사실을 밝혀냈다.

인간은 언어에 의해 생각하고 판단하고 계획을 세운다는 점에서 좌뇌는 '생각하는 뇌'라고 할 수 있다. 한편, 우뇌가 생각하지 않는 뇌라서 우리의 행동에 별 도움이 되지 않는 것으로 여겨지기도 했지만, 사실 우뇌도 매우 중요한 활동을 하고 있다. 한마디로 말하면, 우뇌는 이미지나 아이디어를 파일로 만드는 뇌다. 예를 들면, 사람 얼굴을 이미지로 저장해두었다가 필요할 때 신속하게 꺼내는 활동을 한다. 군중 속에서 자기가 아는 사람의 얼굴을 순간적으로 발견해낼 수 있는 것이 우뇌의 능력이다.

또한 우뇌는 추상적인 언어나 사안을 그림 혹은 도형으로 기억하거나, 입체적인 위치를 이미지로 포착하여 기억할 수 있다. 아직 언어를 모르는 유아기에는 우뇌를 통해 엄마의 목소리를 기억하거나 얼굴을 기억한다.

생후 50일이면 좌뇌가 언어 능력 면에서 우위를 점하게 되지만, 언어를 담당하는 뇌로서 독자적인 발달을 시작하는 시기는 2살이 지나서부터다. 그때까지는 엄마를 비롯해 주위 환경으로부터 얻어지는 정보는 우뇌의 활동에 의해 이미지로 수집되고 파일로 만들어진다. 그리고 성장함에 따라 언어 기능이 좌뇌로 이행되면 우뇌에 저장된 음성 패턴은 기억의 심층부에 깊이 저장된다. 좌뇌의 '언어야'에 손상을 입은 사람이 때때로 어린아이처럼 말을 하는 이유는 이런 기억이 되살아나기 때문이다.

3살 정도가 되면 언어를 구사하게 되는데, 아직은 우뇌가 중심을 이루는 이미지 세계가 앞서기 때문에 3살까지는 우뇌가 충분히 발달하도록 자녀를 키워야 한다. 3살까지의 교육이라면 영재 교육과도 연계시킬 수 있다. 실제로 다양한 기관에서 각종 영재 교육이 이루어지고 있다. 그러한 교육 방식에 대해 한마디로 효과를 단정하기는 어렵지만, 교육자들은 우뇌가 충분히 발달하지 않으면 좌뇌도 그 능력을 충분히 발휘할 수 없다는 사실을 분명히 인식해야 한다.

좌뇌가 충분히 발달한 후에 우뇌를 성장시키기는 쉬운 일이 아니다. 3살까지가 우뇌가 활발하게 성장할 수 있는 한계 시기이므로, 우선 우뇌를 성장시키고 그 이후에 좌뇌를 성장시키는 교육 방식을 택해야 한다. 우뇌는 좌뇌의 100만 배에 해당하는 기억 용량을 가지고 있으므로 그 능력을 최대한 활용해야 한다.

좌뇌는 논리적 능력을 가지고 있다

우리 주변에는 왼손잡이보다 오른손잡이가 압도적으로 많다. 왼손잡이는 전체인구의 5~10%에 불과하며 대부분은 오른손잡이다. 이것이 결정되는 시기는 생후 7개월경부터이며 분명해지는 것은 2살 경, 그리고 6살이면 완전히 고착된다.

오른손잡이가 압도적으로 많은 이유는 무엇일까? 그 이유로는 유전적인 면과 환경적인 면 두 가지를 생각할 수 있다. 사실 부모가 왼손잡이일 경우, 왼손잡이 아이가 태어날 확률은 46%에 지나지 않는다. 그리고 화석 인류의 대부분은 오른손잡이였는데, 그 이유는 좌뇌의 언어야가 발달했기 때문으로 보인다.

좌뇌는 언어, 문자, 기호, 숫자 등과 같은 복잡한 사안을 단순한 요소로 구분하여 순서에 맞게 정렬하는 논리적인 능력을 가지고 있다. 마지막으로 그것을 정리하여 행동을 프로그래밍하는 것은 좌뇌 중에서도 특히 전두엽의 역할이다.

갓 태어난 0~2살까지의 갓난아기는 아직 오른손잡이와 왼손잡이의 구분이 없다. 그 이유는 오른손잡이로서의 능력을 발휘할 수 있는 좌뇌가 아직 충분히 발달해 있지 않기 때문이며, 이는 아이가 구사하는 어휘의 수에도 나타난다. 0세가 끝날 무렵에는 3단어 정도, 만 2살 때는 약 270단어, 만 3살 때는 약 900 단어를 구사한다. 물론 개인적인 차이도 있고 양육 환경에 따라서도 큰 차이를 보이지만, 1살 후반~3살까지는 언어 능력이 눈부시게 발달하는 시기다. 그리고 그 능력에 따라 오른손잡이와 왼손잡이가 정해진다.

그렇기 때문에 이 시기에 아버지와 엄마, 혹은 아이를 돌보는

[뇌의 구조와 각 부분의 기능]

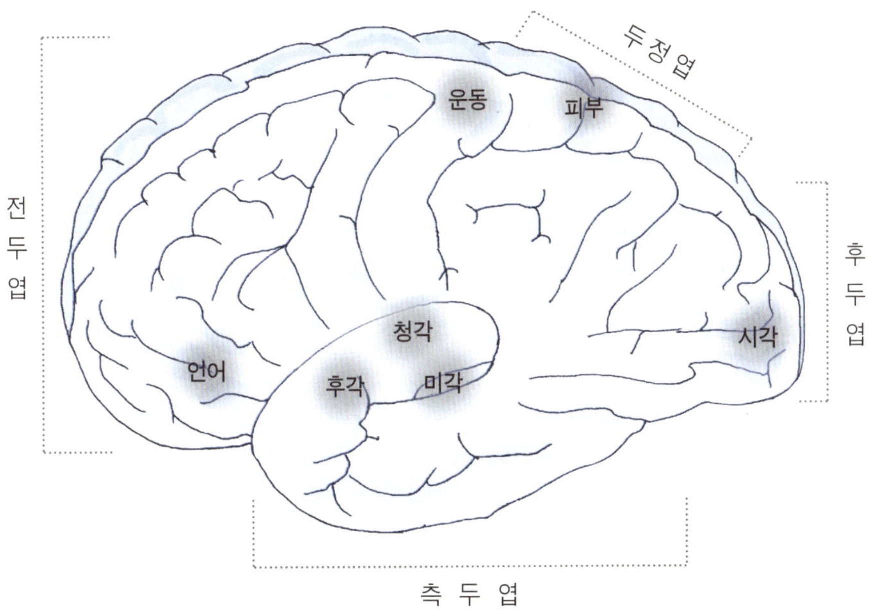

사람이 이야기를 들려주고 말을 걸어주는 등 풍부한 언어 환경
을 조성해주는 일이 아이의 언어 발달에 매우 중요하다. 숫자 인
식이나 계산 능력은 언어 능력과 함께 인간만이 가지고 있는 우
수한 사고력 중의 하나다. 좌뇌가 활동하지 못하면 계산 능력을
거의 잃게 되며 숫자 형태조차 기억하지 못하는 결과를 낳는다.
좌뇌는 언어와 숫자를 자유자재로 다루는 역할을 하므로 사회활동에 매우 중요한 뇌라고 할 수 있다.

하지만 수차례 강조했듯이, 머리가 좋다는 것은 정보를 차곡차곡 쌓는 능력, 즉 기억력이 뛰어나다는 의미가 아니다. 물론 그것도 중요하지만, 외부의 자극에 의해 얻어진 학습이나 정보를 분석하여 저장했다가 필요할 때 적절히 재생할 수 있는 능력이 필요하다. 이러한 기억의 기록과 보존, 그리고 재생은 주로 언어를 사용하여 이루어지므로 당연히 언어뇌인 좌뇌와 깊은 관련이 있다.

우뇌와 좌뇌는 긴밀한 협조 관계를 맺고 있다

좌뇌가 언어를 담당하므로 좌뇌만 있어도 말을 할 수 있다. 그러나 만약 우뇌의 기능에 이상이 생기면 어조나 억양을 잃어버려 목소리가 단조로워진다. 우뇌는 말에 음악적인 억양을 첨가해주고 개성을 부여해준다. 또한 다른 사람과 대화를 하고 있을 때 언어를 이해하는 것은 좌뇌이지만, 누구의 목소리인지 판단하는 것은 우뇌이다. 이처럼 언어에 부여된 감성적인 소리를 구별하는 일은 주로 우뇌가 담당하고 있다. 만약 어떤 원인으로 우뇌의 활동이 정지되면 다양한 소리가 모두 똑같이 들리게 되어

분석적이며 합리적인 좌뇌와 감각적이고 감성적인 우뇌는 서로 긴밀히 협조해야만 잠재능력을 발휘할 수 있다. 그러므로 아이의 우뇌와 좌뇌가 균형 있게 발달할 수 있도록 신경을 써야 한다.

소리에 대한 관심을 잃게 된다.

우뇌의 중요성은 이뿐만이 아니다. 읽고 쓰고 계산하는 역할을 담당하는 좌뇌만을 바탕으로 기억을 하면 단순한 암기가 되지만, 유아기부터 우뇌가 순조롭게 발달하면 언어와 숫자를 이미지로 기억하거나 패턴으로 기억할 수 있기 때문에 정보를 보다 폭넓게 기억할 수 있다. 좌뇌를 이용한 암기를 우뇌가 이미지로 만들어서 이해의 차원으로 높여주는 것이다.

어린 아이가 구구단이나 단편적인 지식 따위를 줄줄 암송한다고 해서 만족해서는 안 된다. 암기 능력은 14~15살을 정점으로 해서 점차 저하된다. 하지만 우뇌의 도움으로 이해를 동반한 기억력은 20살을 넘어서도 저하되지 않는다.

우뇌와 좌뇌는 언어 외의 다른 면에서도 서로 많은 협조를 하고 있다. 예를 들면, 소리와 색깔을 인지하는 것도 그렇다. 청각이나 시각, 색채감각 등은 기본적으로 우뇌가 맡고 있지만, 그것을 언어로 표현하고자 한다면 좌뇌가 나서야 한다. 따라서 양쪽 뇌가 서로 협력하지 않으면 색깔을 구분하고 언어로 표현하기 어렵다.

예술가라고 해도 좌뇌의 논리성이나 분석 능력이 없어서는 곤란하고, 사상가나 과학자라고 해도 우뇌의 이해력과 이미지 구성 능력은 반드시 필요하다. 어느 한쪽 뇌만 우수해서는 예술가도 사상가도 될 수 없다는 의미다.

대뇌신피질에서 사상, 계획, 판단, 의욕, 창조성을 낳는 것은 전두엽인데, 이 중에서 오른쪽 전두엽은 목표를 세우고 왼쪽 전두엽은 그 목표를 어떤 식으로 달성할 것인지 논리적으로 생각한다. 목표를 세워도 그것을 달성하는 방법이나 수단을 생각할 수 없다면 실행은 불가능하다. 역으로 방법이나 수단은 많지만 확실한 목표를 세우지 못한다면 역시 실행은 불가능하다.

우뇌와 좌뇌가 존재한다는 것은 양쪽이 서로 협조하여 힘을 발휘할 수 있는 잠재능력이 갖추어져 있다는 의미다. 따라서 아이를 키울 때는 우뇌와 좌뇌가 함께 발달할 수 있도록 세심하게 신경을 써야 한다.

7

두뇌 활동의 기반은
원시적 감각이다

몸은 외부 환경과 끊임없이 소통한다

내가 도쿄대학 산부인과에 들어갔을 때, 주어진 연구 과제는
'대뇌변연계 연구'였다. 당시 도쿄대학에는 도키자네 도시히코
선생이 이끄는 뇌 연구소가 있었는데, 나는 거기서 뇌와 관련된
연구를 시작하면서 임상에서 멀어지게 되었다. 그곳에서 4년 동
안 연구를 하고 논문을 정리했을 때, 워싱턴 대학으로부터 준교

수로 와 달라는 초청을 받아 1964년부터 5년 동안 워싱턴 대학에서 일하게 되었다.

그 대학에서는 '연어의 회귀 본능'이라는 과제를 연구했다. 연어는 자기가 태어난 강을 떠나 태평양을 4년 동안 돌아다니다가, 갑자기 옛날에 떠났던 고향의 강으로 돌아온다. 조류를 거스르면 정전기가 발생하거나 많은 힘이 소모되기 때문에 조류를 적절히 이용해 강어귀까지 돌아온다. 그곳에서 다시 한두 달 동안 돌아다니다가 강을 거슬러 올라오기 시작한다. 그리고 갖은 고생 끝에 자기가 태어난 장소로 돌아와 알을 낳고 생식을 마치면 죽음을 맞이하게 된다.

산부인과, 뇌, 연어가 서로 무슨 연관성이 있느냐고 묻는 독자들로 있겠지만, 사실 이 세 가지 연구 과정에는 서로 관련된 부분이 없지 않다. 연어는 난소와 정소 등의 생식선이 발달하여 그곳에서 호르몬이 배출되기 시작하면, 호르몬이 뇌를 자극하여 옛날에 떠났던 강의 냄새를 기억해내는 구조를 갖추고 있다.

냄새는 원시감각의 하나이지만 결코 경시할 수 없는 중요한 감각이다. 요즘에 아이를 교육시키는 모습을 보면, 읽고 쓰고 계산하는 능력을 기르는 데 치중하고 단기간의 성적 향상에만 신경을 쏟는 것 같다. 그보다 더 중요한 것은 아이들의 원시감각을 자극해주는 일이다. 아이의 원시감각을 발달시키지 않으면 그런 공부는 장기적으로 별 효과가 없다.

생물은 생체막으로 둘러싸여 있으며 그 안에 체액이 있고, 체액 속에 내장과 혈관과 신경이 떠 있는 형태를 갖추고 있다. 생체막이 완전히 막혀 있으면 생물은 살 수 없다. 막에 뚫려 있는 구멍들을 통해 외부 세계와 소통할 수 있기 때문에 생존할 수 있는 것이다. 따라서 모든 생물은 외부 세계에 개방되어 있는 존재라고 할 수 있다.

예를 들면, 얼굴에는 모공은 별개로 치더라도 7개의 큰 구멍이 있다. 이것들은 외부 세계와 직접 교류를 하는 부위이다. 얼굴은 뇌와 아주 가까운 곳으로 시각, 청각, 후각, 미각이라는 4가지 감각을 만들기 위한 정보를 수용하는 역할을 한다. 이 4가지 감각에 피부의 촉각을 더해 오감이 구성된다.

피부는 초기 발생 단계에서 뇌와 마찬가지로 외배엽으로부터 만들어진다. 따라서 피부와 뇌는 형제 같은 사이라고 할 수 있다. 그 증거로 피부에는 엄청난 수의 감각수용기가 흩어져 있다. 특히 구멍이 있는 부분에 집중적으로 모여 있다. 하반신에도 구멍이 있는데, 남성은 2개가 있고 여성은 3개가 있다. 이것들은 모두 생식과 배설 기능을 위해 필요한 구멍들이다. 이 부위들에도 감각수용기가 집중되어 있다.

이런 원시적인 피부감각은 동물 수준의 감각에 해당하지만,

생물이 살아가기 위해서 반드시 필요한 중요한 감각이다. 우리의 피부는 표피만 계산해보면 두께가 약 2밀리미터, 펼치면 약 1.6평방미터 정도가 된다. 성인이든 갓난아기이든 그 무게는 체중의 16분의 1이다. 살아 있는 피부를 자극하면 그 자극은 신경을 통하여 뇌로 전달된다.

가사 상태로 탄생한 갓난아기는 피부를 두드려 자극을 주거나 따뜻한 물과 차가운 물에 교대로 담가준다. 이렇게 하면 아기는 울음을 터뜨리기 시작한다. 이런 방식은 뇌를 간접적으로 자극하는 것이다. 원숭이의 경우는 출산 직후, 어미가 새끼를 끌어안고 혀로 핥아준다. 개나 고양이도 마찬가지다. 이런 행동을 하지 못하도록 어미를 떼어놓으면 새끼가 죽어버릴 수도 있다.

인간의 경우는 진화 과정에서 직립생활을 함으로써 산도(분만 시 태아와 그 부속물이 모체 밖으로 배출되는 통로)가 구부러지게 되었는데, 그곳을 천천히 내려오는 아기는 피부 자극으로 뇌가 활성화되면서 태어나는 순간에 기운차게 울음을 터뜨린다.

이처럼 피부 자극은 감각수용기를 통해 뇌를 활성화시킨다. 한편, 피부는 내장기관의 신호를 외부로 표현하는 역할도 한다. 실연을 당하거나 마음고생을 한 사람의 피부는 거칠어지는 반면, 편안하고 우아한 생활을 하는 사람의 피부는 윤기가 나는 것이 그 때문이다.

두뇌는 신체 곳곳에서 자극을 받는다

두뇌는 앞쪽에 전두엽, 위쪽에 두정엽, 양쪽에 측두엽, 뒤쪽에 후두엽이라는 4개의 영역으로 구분되어 있다. 인간의 뇌와 비교해볼 때, 침팬지의 뇌는 3분의 1정도, 원숭이의 뇌는 5분의 1 정도로 작다. 인간은 발달된 뇌를 가지고 있어 행동의 다양한 특징을 갖게 되었으며, 동물에게서는 찾아볼 수 없는 행동을 하기도 한다. 일부러 스트레스를 증가시키는가 하면, 아이를 유괴하는 범죄를 저지르고 사람을 해치기도 한다. 나이가 많아도 활기차게 일할 수 있는 것도 발달된 뇌 덕분이다.

전두엽이 발달하지 않은 작은 뇌를 가진 동물은 어떤 목표물을 앞에 두고도 쉽게 포기하거나 물러난다. 마음에 드는 이성에게 접근했다가 상대가 싫다고 하면 대개 얌전히 물러서는 경우가 많다. 하지만 인간의 경우는 집요하게 상대를 따라다니다가 극단적인 선택을 하기도 한다. 이는 뇌가 잘못된 방향으로 발달했기 때문에 발생하는 일이다.

동물과는 달리 인간은 두뇌의 앞쪽, 위쪽, 옆쪽, 뒤쪽의 네 영역을 통합하는 ‘연합야’라는 부분이 상당히 발달해 있다. 연합야의 ‘야野’는 바로 영역을 뜻한다. 연합야는 전두연합야, 두정연합야, 측두연합야, 시각전야, 운동전야 등 5가지 영역으로 구성되어 있다.

원숭이나 인간의 갓난아기는 윙크를 할 수 없다. '대뇌기저핵'이라는 부분이 발달해 있지 않기 때문이다. 원숭이는 나이를 먹어도 윙크를 할 수 없지만 인간은 보통 4~6살 정도가 되면 할 수 있다. 이때는 부모 품에서 떨어지는 시기이기도 하다.

전두연합야가 파괴되면 고도의 의지나 심리 활동을 할 수 없다. 예를 들면, 투명한 플라스틱 상자 속에 사과를 넣어놓고 원숭이에게 주면 구멍을 찾아서 손으로 사과를 꺼낸다. 그러나 전두연합야가 파괴된 원숭이는 눈에 보이는 사과를 향해 곧장 손을 뻗었다가 플라스틱에 부딪힌다.

두정연합야 역시 인간만이 발달한 영역인데, 피부나 근육으로부터의 자극이 있을 때 곳곳에 연락하여 뇌를 활성화시키는 역할을 담당한다. 후두연합야는 시각과 관계가 있으며 측두연합야는 기억과 관계가 있다.

이런 두뇌의 구조를 조사해 보면 의외로 여러 곳에서 받은 자극들이 뇌를 활성화시킨다는 사실을 알 수 있다. 그 첫 번째가 입을 통한 자극, 즉 씹는 행위다. 요즘 아이들은 음식을 잘 씹지 않아서 턱이 처진 형태로 얼굴이 변해가고 있다. 또한 치열이 고르지 않고 충치가 많이 생기는데, 그 결과 음식을 씹기가 더욱 힘들어지는 악순환을 겪는다.

요즘은 어른 아이 할 것 없이 질긴 음식보다는 부드럽고 연한 음식을 선호하는 경향이 있다. 하지만 음식을 꼭꼭 씹어 먹는 것이 두뇌 발달에 중요하다는 사실을 안다면, 연한 음식만을 고집해서는 안 된다. 거울을 보면서 음식을 씹으면 잇몸이 하얗게 변하곤 하는데, 이는 혈액이 뇌 쪽으로 들어가는 현상이다. 이렇게 이를 사용하여 음식을 씹을수록 자극이 두뇌에 전달되어 두뇌를 활성화시킨다. 따라서 음식을 씹는 행위가 중요하다는 사실을 명심해야 한다.

다음으로 손의 효용을 설명해보자. 네 발로 걸었던 원숭이가 진화 과정에서 직립보행을 하게 되어 두 손을 자유롭게 사용할 수 있게 되었다. 손으로 도구를 만들고 그 도구를 다루는 과정을 통해 뇌는 더욱 자극을 받아 머리가 좋아졌다. 뇌를 발달시키는 과정은 현대인이라고 다를 바 없다. 요즘 아이들은 컴퓨터 자판을 두들기는 데는 선수라고 할 수 있지만 손을 써서 창조적인 일을 하는 경우가 거의 없다. 머릿속에 지식을 집어넣는 데만 바쁠 뿐, 손을 이용해 무언가를 만들어 쓰는 일이 없다. 이렇게 손을 많이 사용하지 않으면 두뇌도 그만큼 원활하게 발달하지 못한다.

발의 사용도 뇌 발달에 한 몫 하고 있다. 약 180종의 영장류 중에서 엄지발가락과 다른 4개의 발가락이 나란히 배열되어 있는 종은 인간뿐이다. 엄지발가락의 제1관절부터 직접 신경이 나와 있기 때문에 이곳에 체중을 실으면 뇌가 자극된다. 그리고 발바닥은 땅에 닿지 않는 곡선이 형성되어 있어 걸을 때 발가락에 힘이 실리게 된다.

전 세계에는 장수 국가가 세 곳이 있는데, 공통된 지리적 특징은 전부 구릉지가 많다는 점이다. 예를 들면, 우크라이나에서는 100살이 넘는 노인들이 등성이를 오르내리며 살아간다. 발가락을 모두 사용하는 생활이 장수 비결 중 하나인 것이다.

요즘에는 많은 아이들이 몸의 중심을 뒤쪽에 두고 걷거나 굽 높은 신발을 신고 발을 질질 끌며 걷는 경향이 있다. 그런 보행 습관은 인류가 직립생활을 시작하면서 뇌를 확대시켜온 진화 과정에 역행하는 것이다. 따라서 어릴 때부터 올바른 자세로 걷는 습관을 들여야 한다.

이처럼 피부감각을 비롯한 원시감각은 뇌의 발달을 촉진시킨다. 한때 원시감각은 고차원적인 두뇌 활동과는 무관하다고 여겨졌다. 오늘날에는 원시감각의 중요성을 나타내는 다음과 같은 역사적 사례도 발표되었다.

20세기 초 불황기에는 세계 각국의 많은 고아원에서 유아 사망률이 매우 높았다. 하지만 당시 독일의 네안데르탈 지방, 현재의 뒤셀도르프 근처에는 유아 사망률이 현저하게 낮은 고아원이 있었다. 그래서 미국 보스턴의 소아과 의사가 그 이유를 알아내기 위해 그곳을 찾아갔다. 당시 일반 고아원에서는 갓난아기들을 돌보면서 침대에 나란히 눕혀 놓고 젖병을 하나씩 물려주는 방식을 택하고 있었다. 그런데 그 고아원에서는 안나라는 보모가 아기를 한 명씩 끌어안고 우유를 먹이곤 했다. 하루에 세 차례씩 아기를 가슴에 안고 말을 걸면서 엄마의 손길을 느끼게 해주었던 것이다. 바로 그것이 사망률의 차이를 낳았다는 사실이 밝혀졌다. 이렇게 가슴에 안고 우유를 먹이는 방법은 '머더링mothering' 이라는 이름으로 전 세계에 알려졌다. 1912년의 일이다.

원시 생명기억이 강한 인간을 만든다

뇌파는 일반적으로 4가지 종류로 분류된다. 수면 중에 배출되는 델타δ파(4㎐ 이하), 명상을 할 때나 성관계로 황홀감을 느낄 때 배출되는 세타θ파(4~8㎐), 일반적으로 안정적인 상태에 있을 때 배출되는 알파α파(8~15㎐), 흥분해서 공격적일 때 배출되는 베타β파(15㎐ 이상)가 있다. 아주 좋은 향기를 맡으면 뇌에서 세타파가 나온다. 고급 백단향을 피워놓고 명상을 할 때 세타파가 나오는 이유는 마음이 차분해지기 때문이다.

현재는 웰니스wellness 시대라는 말이 있다. 웰니스란 단적으로 말해 쾌락을 말한다. 하지만 인간의 쾌락은 동물의 쾌락과는 질적으로 다르다. 동물은 두뇌에 본능이라는 회로밖에 없기 때문에 인간처럼 깊은 즐거움을 느끼지 못한다. 단지 기분이 좋거나 나쁜 느낌만을 가지고 있을 뿐이다. 이는 갓난아기가 배가 고프면 불쾌하고 배가 부르면 금세 기분이 좋아지는 느낌과 다를 바 없다.

불쾌감이 심해지면 불안해지고, 그 정도가 더 심해지면 화가 나는 식의 매우 단순하고 원시적인 심리작용을 '정동情動'이라고 한다. 인간은 본능에 가까운 이런 감정 변화뿐 아니라, 좀 더 미묘하고 차원 높은 쾌락을 느낄 수 있는데 그것을 정서情緒라고 할 수 있다.

오로지 공부밖에 모르는 아이들이 있다. 어른들은 이런 아이들을 칭찬하며 더욱 공부에 매진하라고 격려한다. 그러나 놀이를 모르고 공부밖에 모르던 아이가 성인이 되면 독단적인 성격을 갖기 쉬우며 어떤 장벽에 부딪혔을 때 극단적인 행동을 하는 경우가 많다. 여러 환경과 조건들에 대응하는 훈련이 되어 있지 않기 때문이다. 여성들보다는 남성들 중에 나약한 마음의 소유자가 많다. 그 이유는 바로 동물적 감성이 발달하지 못했기 때문이다. 아이들에게는 읽기, 쓰기, 계산하기 등의 공부를 시키기

인간의 뇌에서는 끊임없이 뇌파가 나오는데, 몸과 마음이 안정된 상태일 때 α(알파)파가, 긴장 상태일 때는 β(베타)파가 나온다. 그리고 수면 중에는 δ(델타)파, 명상 중에는 θ(세타)파가 나온다. 스트레스에 지친 현대인들은 산책, 명상, 음악, 향기 요법 등으로 오감을 자극하면 뇌에서 α파가 배출되어 활력을 되찾을 수 있다.

전에 먼저 동물적 감성부터 단련시킬 필요가 있다.

60조 개나 되는 우리 인간의 유전자에는 생명기억이라는 것이 남아 있다. 35억 년 전 원시적인 생명이 태동하던 시절부터 우리 조상들이 온대와 난대의 숲 속에서 보낸 세월, 그리고 어머니의 뱃속에 있었던 태아 시절에 이르기까지의 기억이 유전자에 남아 있다. 그래서 우리는 지금도 숲이 우거진 자연에 대해 아련한 향수를 느끼고, 가끔씩 그런 곳을 찾아가 삼림욕을 즐기면 정신적인 안정을 찾을 수 있다.

빌딩 숲에 둘러싸인 채 밤낮없이 경쟁하며 사는 현대인들은 가끔씩 생명기억을 불러일으킬 수 있는 환경에서 휴식을 취하며 마음의 안정을 찾을 필요가 있다.

요즘 남성들은 학창시절은 물론이고 사회에 나와서도 치열한 경쟁에 시달리고 있다. 그러다가 중년이 되어서 갑자기 심장병이나 뇌출혈 때문에 덧없이 목숨을 잃는 이들이 적지 않다. 남성이 여성에 비해 이렇게 목숨을 잃는 경우가 더 많은 이유는 심한 경쟁 외에도 유전적인 숙명을 짊어지고 태어나기 때문이다.

여성은 자녀를 낳는다는 특성을 가지고 있어 기본적으로 생명력이 강하다. 게다가 성염색체 구성이 여자는 XX 남자는 XY다. 예를 들어 여자는 엄마로부터 고혈압이나 심장병 등의 유전적 특성을 물려받는다고 해도 아버지로부터 받는 X염색체에 그런 유전성이 없으면 그 질병의 성질은 표면에 드러나지 않는다. 반면에 남성 쪽은 XY타입이므로 엄마의 X염색체에 존재하는 것은 Y염색체로는 커버할 수 없어 모두 표면에 드러난다. 이 Y염색체는 매우 나약하며 정소를 만드는 정보 외에는 다른 정보가 거의 없다. 따라서 엄마로부터 받은 약점이 그대로 드러나는 것이다. 남성이 여성보다 조기에 사망할 확률이 높은 이유는 그 때문이다.

8

전두엽은 행동의
프로그래밍 센터다

인간 뇌와 동물 뇌의 차이

이제 여러분은 식물의 성장 과정에서 뿌리가 매우 중요하듯이 유아기와 소아기가 그만큼 중요하다는 사실을 이해했을 것이다. 아이를 올바르게 키우고 교육시키려면 이를 명심해야 한다. 요즘 종종 거론되고 있는 아이들의 왜곡된 사고방식이나 학교붕괴 현상 등의 원인을 찾으려면 유아기와 소아기 시절로 거슬러 올라가야 한다. 그 시절의 성장 과정에 대해서는 여러 각도로 문제를 다룰 수 있지만 여기서는 두뇌 발달에 초점을 맞추어보기로 한다.

동물은 인간과는 달리 두뇌 신경세포의 유전자에 조합되어 있는 스케줄에 따라 행동하며 기본적으로 그 범위를 벗어나지 못한다. 연어는 4년에 한 번, 즉 평생에 한 번밖에 사랑을 하지 못하며 고향으로 돌아와 산란을 한 후 죽는다. 일본원숭이는 가을부터 겨울에 걸쳐 일조시간이 단축되면 발정한다. 쥐는 보통 2년밖에 살지 못하기 때문에 나흘에 한 번꼴로 발정을 하고 열심히 새끼를 낳는다. 이처럼 동물의 발정기는 리듬이 있으며 이것 또한 유전자에 조합되어 있는 스케줄에 따른 것이다.

하지만 인간은 다르다. '인간의 성性은 삶'이라는 말이 있다. 인간에게 성은 삶 자체라는 의미다. 이것은 인간의 성이 에로스에 입각해 있기 때문이다. 에로스는 라틴어로 '가장 좋아하는 사람', '신뢰하는 사람', '사랑하는 사람과 하나가 되기 위한 바람' 등의 의미를 가지고 있다. 대부분의 동물들이 성관계를 갖는 목적은 새끼를 낳기 위해서다. 하지만 인간의 성은 사랑하는 사람과 눈을 마주치고 대화를 나누며, 손을 잡고 체온을 느끼며, 함께 놀이를 즐기고 여행을 하는 행위, 즉 에로스를 충족시키는 데 의미가 있다.

　세상에 태어나면 성장기를 거치며 뇌 무게가 점차 증가하는데, 9살이 되면 1,050그램이 된다. 그리고 인간은 다른 동물과 비교해볼 때 이마가 가장 넓다. 그 이유는 이마 쪽에 전두엽이 매우 발달해 있기 때문이다.

　비교적 많이 진화했다는 원숭이도 전두엽이 거의 발달해 있지 않아 신경세포에 미리 각인되어 있는 스케줄대로만 행동한다. 원숭이를 비롯한 모든 동물들은 같은 종끼리는 행동양식뿐 아니라 겉모습도 거의 비슷하다. 예를 들면, 야생조류도감에서 박새를 찾아보면 몸길이 14센티미터에 색깔과 울음소리의 특징이 정해져 있다.

　하지만 인간은 얼굴이 제각각이다. 뇌가 커지면서 유전되는 염색체도 다양해져 다양한 인종이 나타나게 되었고 행동양식도 각양각색이다. 그러나 뇌가 커졌다고 해서 모든 인간이 현명해졌다고는 할 수 없을 것 같다. 서로 증오하거나 미워하면서 자신의 욕망만을 앞세우는 사람들이 있는가 하면, 그릇된 사고방식으로 타인의 안녕을 해치는 행동을 서슴지 않는 사람들도 있다. 이런 행동은 뇌가 정상적으로 발달하지 못한 데에 그 원인이 있다.

놀이는 마음과 정신을 풍요롭게 한다

인간은 1,000억 개의 신경세포를 가지고 세상에 태어난다. 그 이후 뇌는 외부 환경으로부터 유입되는 균형 있는 자극에 대응하면서 성장한다. 외부의 자극이 있으면 신경세포는 그 자극을 다음 신경세포로 전달한다. 이렇게 신경세포와 신경세포가 연결되는 부위를 시냅스라고 하는데, 시냅스는 전기코드의 콘센트처럼 연결고리를 만들어 신경세포의 네트워크를 형성한다. 이 과정은 매우 중요하다. 균형 있는 자극에 대해서는 균형 있는 네트워크가 형성되고, 불균형한 자극에 대해서는 불균형한 네트워크가 형성되기 때문이다.

그렇다면 균형 있는 자극이란 어떤 것일까. 우리는 오감이라는 감각체계를 가지고 있는데, 바로 이 오감을 모두 활용하여 외부와 교류를 하는 행동을 말한다. 두뇌는 오감으로 받아들인 정보에 대응하여 활동한다. 그러면서 동시에 계속해서 새로운 정보를 받아들인다. 감각 → 운동 → 감각 → 운동 → 감각 → 운동, 이렇게 공을 주고받듯이 상호작용하는 과정은 궁극적으로 고차원적인 정신활동으로 승화되어 마음을 완성시킨다.

읽고 쓰고 계산하는 것부터 배워야 두뇌가 발달한다는 생각은 착각이다. 인간은 고도의 지적 능력을 갖춘 존재이기 이전에 생물이다. 동물적인 감촉, 촉감, 미각, 후각 등의 원초적 감각을 통한 경험을 쌓아야만 읽고 쓰고 계산하는 능력도 수월하게 갖출 수 있다. 그리고 그러한 경험을 쌓으려면 놀이가 필요하다.

아이들의 놀이에 대해서 설명해보면, 1~2살 때는 흉내 내거나 모방하는 걸 좋아한다. 흉내나 모방 행동을 하는 시기에 아이는 큰 모험을 하지 않기 때문에 엄마는 아이가 뜻밖의 사고를 당하지 않을까 하는 걱정을 별로 하지 않는다.

하지만 2살 반~3살 정도가 되면 전두엽이 조금씩 발달하면서 개성이 나타나고 스스로 모험을 찾기 시작한다. 이 시기의 아이는 자신도 인식하지 못하는 실수나 잘못을 저지르기도 한다. 또한 그림을 그릴 때 사과를 보라색 같은 특이한 색으로 칠하기도 한다. 이런 독특함은 바로 아이의 개성이 발현된 것이다. 아이가 사과를 보라색으로 칠하는 것은 진짜로 사과가 보라색이라고 생각하기 때문이다.

2살 전후의 아이는 시간에 대한 개념이 없다. 엄마가 달리기 시합에 참가한 아이에게 "열심히 달려서 꼭 1등을 해야 돼"라고 말해도 아이는 시간 개념이 아직 정립되어 있지 않아서 그 의미를 정확하게 이해하지 못한다. 전두엽이 완성되기 시작하는 3~4살 정도가 되어야 시간의 순서를 이해하게 된다.

이처럼 인간의 정신은 전두엽의 발달로 고양되므로 성인이 되

갓난아기는 엄마의 젖을 빨고 피부와 접촉하고 냄새 맡고 목소리를 들으면서 엄마의 존재와 주변 환경을 이해하기 시작한다. 이 과정에서 아기의 두뇌가 자극을 받기 때문에 모유를 먹이는 일이 매우 중요하다.

어서도 항상 놀이가 필요하다. 즉 놀이를 통해 새로운 것을 창조해내는 기쁨이 인간의 정신과 마음을 풍요롭게 하는 것이다. 부모가 그런 마음가짐을 갖고 아이를 키우지 않으면 아이의 두뇌 발달은 지체될 수밖에 없다. 인간의 마음은 물질적인 것만으로는 충족될 수 없다.

인간이든 동물이든 갓 태어난 생명체는 엄마와의 접촉이 매우 중요하다. 예를 들면, 침팬지는 5살까지 젖을 빠는데 어미의 젖이 나오는 시기는 처음 3년뿐이다. 그 이후의 2년 동안은 젖이 나오지 않지만 젖을 빠는 행위를 통해 새끼는 어미와 감정을 교류한다. 이 과정은 새끼 침팬지에게 아주 중요한 과정이며, 새끼는 8살이 되어서야 비로소 어미로부터 독립한다.

붉은털원숭이를 대상으로 한 실험에서 갓 태어난 새끼를 어미와 떼어놓고 키우면 확실히 자폐적인 성향을 띠는 결과가 나왔다. 어미 대신에 철망에 담요를 씌우고 젖병을 장치해 놓은 대리모와 함께 키우면 다가와서 우유를 먹는다. 하지만 대리모는 새끼의 요구에 반응을 보이지 않고 어미의 역할을 대신할 수 없기 때문에 결국 새끼는 정서장애를 보이게 된다. 어미와 새끼 사이의 상호작용이 매우 중요하다는 증거다.

아이가 어느 정도 성장하면 혼자 뛰어놀 수 있게 된다. 이 시기에는 컴퓨터나 비디오를 이용한 교육보다 더 중요한 것이 사람들과 교류하고 자연과 접촉하면서 마음껏 놀 수 있는 환경을 마련해 주는 일이다. 그래야만 오감을 통한 자극으로 두뇌가 잘 발달할 수 있다.

따뜻한 감성을 키워주어라

문명사회에서 사람과 사람의 접촉은 무엇보다 중시되어야 한다. 주변에는 물질이 넘쳐나고 모든 시스템이 컴퓨터화되고 있어 신체적인 접촉의 기회는 점차 줄어들고 있다. 심지어는 부모와 자식 간에도 손을 맞잡거나 얼굴을 마주하고 대화를 나눌 시간이 없다. 병원에서 의사와 간호사는 환자에게 따뜻한 손길을 건네기보다는 모니터만을 쳐다보며 사무적으로 이야기할 뿐이다. 실제로 많은 환자들이 정성스런 치료 외에도 의료진들의 다정한 손길을 바란다고 한다.

모든 것이 급격히 변화하는 시대 속에서 현대인들은 여유를 잃어버렸다. 그저 컴퓨터 자판을 두드리거나 버튼을 누르는 것만으로 정신적, 물질적인 욕구를 충족시키면서 꿈도 잃어버렸다. 아이들이 꿈을 품고 정신적 여유를 가지고 살아가도록 하려면 유아기부터 그 발판을 마련해주어야 한다.

1995년 고베 대지진이 발생한 지 반 년 정도 지났을 무렵, 피해 지역 어린이들이 낙엽 깔린 길에서 천진난만하게 뛰어노는 사진이 신문에 크게 실렸다. 컴퓨터와 비디오 등의 놀이기기를 잃어버린 아이들은 밖에서 서로 몸을 부대끼며 뛰어놀 수밖에 없었다. 정말 가슴 뭉클한 광경이었다. 요즘에는 이렇게 순수하게 뛰어 노는 아이들을 보기가 쉽지 않기 때문이었다. 당시 그 아이들을 보면서 정말로 중요한 게 무엇인가를 깨달았던 사람들이 적지 않았을 것이다.

400만 년 전에 두 발로 직립보행을 시작한 원인류들도 매우 소박한 마음을 가지고 있었다. 그들은 성욕, 식욕, 집단욕 등의 동물적인 욕구가 충족되면 즐거워하고 그렇지 못하면 불쾌감을 느꼈다. 그리고 그 불쾌감이 증폭되면 불안과 분노의 감정이 생겼다. 그런 감정은 동물뇌인 대뇌변연계에서 만들어진다. 인간은 진화 과정을 거치면서 동물적인 감정을 고도의 정서로 승화시켰다. 따라서 인간은 동물과 달리 기쁨과 슬픔 등의 감정을 풍부하게 표현할 수 있게 되었다.

인간뇌, 즉 대뇌신피질의 발달은 세상에 태어나면서부터 주변의 균형 있는 자극에 반응하면서 구축된다. 뇌는 자극을 받으면 유연하게 반응하는데, 신경세포와 신경세포를 잇는 시냅스로 신경회로망을 형성하는 것이 그 과정이다. 신경세포가 만드는 시냅스의 수는 적은 장소에서도 1,000개, 많은 장소에서는 20만 개나 되므로 신경회로는 그야말로 초월적인 능력을 가지고 있다고 해도 과언이 아니다.

균형 있는 자극이란 오감을 통해 얻는 모든 정보를 말한다. 두뇌가 전자미디어를 개입시킨 자극만 받게 되면 인간은 로봇처럼 정서가 없는 존재로 전락해버린다. 읽고 쓰고 계산하는 능력과 함께 생명의 존엄성을 알고 따뜻한 감성을 골고루 발달시킨 인간만이 비로소 호모 사피엔스, 즉 현명한 인간이라고 할 수 있을 것이다.

9살까지 자연과 많이 접촉하고 사람들과의 교류를 통해 두뇌가 자극되면 바람직한 근원적 체험이 만들어집니다. 이런 체험을 많이 한 아이는 스스로 생각의 힘을 키우고 풍부한 감수성을 갖게 됩니다. 또한 식습관도 매우 중요한데 음식을 꼭꼭 씹어 먹는 습관이 두뇌에 훌륭한 자극이 됩니다.

손발을 많이 사용하고 음식을 꼭꼭 씹어 먹게 하라

9. 아이의 마음을 키워주는 방법

10. 오감이 발달하면 상상력이 풍부해진다

11. 두뇌 발달의 3요소는 신체, 마음, 식생활이다

9

아이의 마음을 키워주는 방법

동물의 마음은 갓난아기의 마음과 비슷하다

동물에게도 과연 마음이라는 게 있을까. 없다고는 할 수 없지만 인간의 마음과는 질적으로 다르다. 뇌가 아무리 발달한 동물이라도 대뇌신피질의 크기가 인간과는 비교가 되지 않기 때문이다. 인간의 뇌는 머리가 좋은 편인 일본원숭이보다 5배나 크다.

인간이든 원숭이든 포유동물의 뇌는 근본적으로 뇌간과 척수계, 대뇌변연계(동물뇌), 대뇌신피질계라는 3개의 층으로 이루어 져 있다. 인간과 원숭이의 차이는 대뇌신피질계가 얼마나 발달 했느냐의 차이이다. 동물의 마음은 즐거움과 불쾌감이라는 단순 한 감정에 지나지 않는다. 불쾌감이 증폭되면 불안으로 이어지 고 불안이 증폭되면 분노로 바뀐다. 동물은 매우 단순하고 기초 적인 마음을 가지고 있는 것이다.

즐겁고 불쾌한 감정을 결정하는 것은 본능이다. 인간이든 동 물이든 식욕, 성욕, 집단욕이라는 3대 본능을 지니고 있다. 여기 서 집단욕이란 무리를 짓고자 하는 욕구를 말한다. 이 중에서 한 가지라도 충족되지 않으면 불쾌한 감정이 생긴다. 불쾌감이 고 조되면 두려움과 불안감이 생기고 결국에는 분노로 폭발된다.

동물의 마음은 갓 태어난 아기의 마음과 비슷하다. 갓난아기 도 아직 대뇌신피질계가 제대로 발달되어 있지 않다. 대뇌신피 질계의 신경배선이 엄청난 기세로 발달하는 것은 태어난 후부 터 9살까지다. 갓 태어난 아기의 마음은 동물의 마음과 비슷해 서 젖을 주지 않으면 불쾌감을 느끼며, 가만히 내버려두면 왠지 모를 불안감을 느끼다가 마지막에는 울음을 터뜨려 분노를 발 산한다.

동물은 항상 마음이 즐거운 것을 추구한다. 그 점은 인간도 마 찬가지다. 즐거움을 추구하는 것은 3대 본능을 충족시키기 위한 행동인데, 이것을 보수행동報酬行動이라고 한다. 하지만 동물이 즐거움을 얻는 대상은 유전적으로 정해져 있다. 예를 들면, 새끼는 가능한 한 많이 낳아야 한다. 따라서 원숭이의 성관계는 성적 쾌감보다는 자손을 늘리는 데 큰 의미가 있다.

또 하나의 중요한 활동은 식욕을 충족시키기 위한 먹이사냥이다. 원숭이는 낮 시간의 80%를 먹이사냥에 소비한다. 원숭이가 자연에서 먹이를 얻는 것은 인간이 슈퍼마켓에 가서 물건을 사는 것과는 엄청난 차이가 있다. 먹이를 찾기가 쉽지 않고 스스로 사냥을 해야 하기 때문이다. 특히 겨울에는 눈을 헤치고 식물의 싹을 뜯어 먹음으로써 생명을 간신히 유지해야 하는 상황에 처하기도 한다. 배부르게 먹지 못하면 불쾌감을 느끼고, 그런 느낌이 불안으로 이어지면 목숨이 위태로워지므로 무엇이든 찾아 먹어야 한다.

원숭이는 그렇게 살아왔다. 그런데 인간이 점차 숲을 개발하면서 그들은 생활터전을 많이 잃었으며 활동 영역도 축소되었다. 물론 먹이를 구할 수 있는 장소도 제한되었다. 그 때문에 인간들이 생활하는 마을로 내려와 음식을 훔쳐 먹는 원숭이들이 늘어났다. 그들의 입장에서는 배가 고프니까 어쩔 수 없이 저지르는 행동이다. 인간도 극한 상황에 처하면 본능만이 앞서는 이기적인 행동을 하게 된다.

사실 본능 추구는 본질적으로 이기적인 행동이다. 동물 사회에서는 타자를 위해 무엇인가를 솔선수범해서 하는 일은 절대 없다. 대신 무리를 지어 조화를 이루는 아름다운 면이 있다. 무리를 짓는 것은 개체가 독단적으로 이탈하는 행위를 저지하는 효과가 있다. 무리와 무리 사이에도 대개 친화적인 분위기가 조성된다. 예를 들면, 이동할 때 한 마리가 상처를 입어 속도가 떨어지면 무리 전체가 상처를 입은 동물의 보조를 맞추게 된다. 이런 행동을 하는 이유가 무엇인지 아직은 정확하게 알려지지 않았지만, 인간이 동물에게서 배워야 할 점인 것 같다.

원숭이 사회에서는 어른 원숭이가 새끼를 죽이는 경우가 있다. 과거에 인간사회에서도 생활이 몹시 어려워지면 나약한 자녀를 살해하는 비인간적인 풍습이 있었다. 원숭이가 새끼를 죽이는 행동도 먹이 부족 때문이라는 설이 있다. 일정한 영역에서 먹이가 풍족하면 개체수가 증가하게 된다. 그러나 개체수가 일정 범위 이상 증가하면 먹이가 부족해지고, 그 결과 무리 내부에 분열이 생긴다.

이것은 어떤 영역 내의 집단에서 개체수가 증가하는 경우에 필연적으로 발생하는 현상이다. 먹이를 차지하기 위한 싸움이 발생하면서 가장 우선적인 제거 대상은 새끼들이다. 예를 들면, 한 무리 안으로 보스가 난입하여 갓 태어난 새끼를 물어죽이거나 한 가족 전체를 몰살시키는 경우도 있다. 이때 새끼를 잃은 어미는 공포로 인해 배란이 일어나게 된다. 충격 때문에 호르몬이 아닌 신경이 개입하여 난소의 난포벽을 수축시키기 때문이다. 그렇게 되면 예비난자가 배란되는데 이것을 '공포 배란' 또는 '강간 배란'이라고 한다. 강간당한 여성이 임신되기 쉬운 이유가 여기에 있다.

'나의 아이를 낳고 싶다' 혹은 '후손을 많이 두고 싶다'는 생각은 본능에서 우러나온 이기적인 마음의 작용이다. 암컷과 수컷이 존재하는 이유는 DNA를 혼합시켜 보다 우수한 자손을 낳는 것인데 그 자체가 본능이다. 꾸정모기류에 속하는 '일본먼지응애'라는 작은 곤충이 있다. 날개를 펼쳐도 5센티미터 정도밖에 되지 않는 이 곤충의 수컷이 교미를 하기 위해서는 암컷에게 먹이를 주어야 한다. 암컷은 먹이를 먹고 있는 동안에만 교미에 응하며 먹이가 떨어지면 즉시 날아가버린다. 그런데 수컷이 사정에 이르는 시간은 20분 정도 걸리기 때문에 암컷에게 큰 먹이를 주지 않으면 소기의 목적을 달성할 수 없다. 암컷 입장에서는 나름대로 이유가 있다. 새끼를 낳으려면 상당한 에너지가 필요하므로 먹이를 많이 먹어 두어야 하는 것이다.

사마귀 암컷의 20~30%는 교미를 하는 도중에 수컷을 잡아먹는다. 사실 사마귀 암컷에게는 수컷의 정자를 받아 새끼를 낳는 일이 중요할 뿐 수컷에 대한 사랑 따위는 없다. 인간사회에서도 이와 유사한 관계를 찾아볼 수 있다.

아버지와 자녀의 관계가 문화적인 성격이 강하다면, 엄마와 자녀의 관계는 생물학적인 성격이 강하다. 남성과 여성의 관계도 DNA를 교환한다는 의미에서 보면 생물학적인 성격을 띤다고 할 수 있다.

자연과의 공존의식을 일깨워주어라

인간도 동물과 마찬가지로 무리를 지어 생활한다. 사회는 가족이라는 단위로 구성되어 있다. 건전한 사회란 사회구성원들이 집에서는 부모와 형제자매와 서로 정을 나누고, 밖에서는 타인들과 활발하게 교류하는 사회를 말한다. 하지만 최근에는 가족 간의 관계도 변질되고 타인과의 교류에 익숙하지 않은 사람들이 늘고 있다. 요즘은 너나 할 것 없이 남들을 제치고 1등이 되고자 혈안이 되어 있고, 그렇게 사는 것이 최선의 삶이라고 여겨지고 있다. 다른 사람과의 교류에 서투르고 이기적인 행동을 일삼는 것은 집단생활에 필요한 훈련이 되어 있지 않다는 증거다. 나만 좋으면 그만이고 내가 최고라는 이기적인 사고방식을 가진 사람이 증가하고 있는 사회는 결코 건전하다고 할 수 없다.

동물은 그러한 사고방식을 가지고 있지 않으며 1등이 되는 방법도 모른다. 그들에게는 조화를 유지하는 삶이 가장 중요하다. 돌출된 행동이나 이기적인 행동은 용서받지 못한다. 그들에게는 종족을 보존하려는 집단본능이 있으며 무리 내에서 모든 구성원들이 지켜야 할 기본 규칙이 있기 때문이다.

자연에는 수많은 동물들이 공존하고 있다. 각각의 종은 자신들이 가장 살기 좋은 곳을 선택해 살아간다. 약육강식의 원칙이 있긴 하지만, 그들은 다른 종과의 공존의식을 가지고 있다. 자연환경을 보존하며 살아가야 한다는 의식이 유전자 안에 조합되어 있는 것이다. 인간도 오랜 옛날에는 자연과 더불어 살아야 한다는 무언의 의식을 가지고 생활했다. 그런데 문명과 사회가 발달하면서 그런 의식이 사라지고 있다.

동물은 언어가 없기 때문에 청각, 시각, 후각, 촉각 등의 감각을 개입시켜 세상을 인지한다. 그리고 동물과 인간에게 가장 중요한 기관은 입인데, 입에는 후각, 미각, 촉각, 내장감각이라는 원시감각이 복합되어 있다. 갓 태어난 새끼는 어미의 젖을 빠는 행위로 어미와 어미를 둘러싼 주변 환경을 파악하기 시작한다. 인간도 마찬가지다. 세상에 태어나면서부터 입으로 먹는 행위는 자기의 주변 환경과 그곳에 살고 있는 생물과의 관계를 파악하는 통로라고 할 수 있다. 그런 과정을 거치면서 인간은 자연과 생명의 소중함을 깨닫게 되는 것이다.

이타심은 인간의 제2의 본능이다

인간의 특이한 성향 중 하나는 의욕적인 행동을 한다는 점이다. 의욕적인 행동은 쾌감을 느끼기 위한 보수행동이므로 무엇인가를 하고 싶다는 동기에서 유발된다. 인간과 동물은 태어나면 체험해본 적이 없는데도 즉시 젖을 빨기 시작한다. 이것은 쾌락을 추구하기 위한 행동이지만, 체험을 통해 생긴 것이 아니다. 인류와 동물이 세상에 출현한 후부터 유전자를 통하여 오랜 세월 전승되어온 습성이다. 유전자에 실려 있는 기억은 동물적 감각을 통해 입력된 정보로, 체험과는 아무런 관계가 없다.

예를 들면, 생명체는 물에서 탄생했다. 또한 우리의 조상들은 오랜 세월 숲 속에서 불안정한 삶을 거듭하며 자연을 개척하고 사회를 발달시켜왔다. 우리가 숲이나 물에 대한 향수를 느끼는 것은 유전자를 통해 그런 기억이 전승되어왔기 때문이다.

인간은 태어난 후부터 9살까지 어떻게 키워졌느냐에 따라 올바른 인간성을 가지고 자신의 꿈을 실현할 수 있는가의 여부가 결정된다. 이것은 인간에게만 나타나는 현상이다. 무엇보다도 중요한 것은 이 시기에 아이가 남을 생각하는 마음을 갖도록 가르치는 일이다. 이기적인 의식만 지니고 성장한 아이는 인간다운 인간으로 성장할 수 없으며 장차 자신의 꿈을 펼치기도 쉽지 않다.

자기 자신을 희생해 남을 돕는 이타적인 행동을 가르쳐야 한다. 그래서 훗날 전쟁이나 자연재해로 어려움을 겪는 다른 민족을 위해 이국땅에서 땀을 흘리거나 평화봉사 활동 등에 참여할 수도 있는 의식을 길러주어야 한다. 자신을 희생하는 것은 동물이 할 수 없는 행동이다. 말하자면 이타적인 행동은 인간의 제2의 본능이라고도 할 수 있다.

또 한 가지 명심해야 할 것이 있다. 이 지구는 결코 인간 중심으로 돌아가지 않는다는 사실이다. 인간뿐 아니라 지구상의 다른 생명체들도 하나하나 소중한 존재이고, 지구가 베풀어주는 은혜를 감사히 여기며 그들과 함께 공존공영해야 한다는 점을 겸허한 자세로 인식해야 한다. 특히 두뇌가 유연하게 반응하고 급격히 발달하는 9살까지 그 점을 확실하게 인식시켜주어야 한다. 성인이 되면 이미 두뇌 소프트웨어가 완성되었기 때문에 그런 사고방식을 잘 받아들이지 못한다.

모든 교육은 어린시절에 자연의 위대함이나 생명의 존엄성을 이해시키는 것부터 시작되어야 한다. 그리고 어릴 때부터 시각

뿐 아니라 여러 감각을 함께 개입시켜 사물을 판단하는 공감각 훈련을 시켜야 한다. 이런 훈련을 제대로 받지 못하면 성인이 되어서도 모든 것을 피상적으로 판단하고 물질적인 것만을 중시하는 가치관을 갖기 쉽다. 예를 들면, 어릴 때부터 컴퓨터 등을 통해 시각에만 길들여져온 사람은 이성을 볼 때도 외모로만 판단하는 경향을 갖게 된다.

남성은 여성을 볼 때 얼굴이나 몸매만 따질 것이 아니라 마음씨까지도 꿰뚫어볼 수 있어야 한다. 외모만 아름답고 교양을 갖추지 못한 여성의 매력은 오래 지속되지 못한다. 여성이 남성을 판단할 때도 마찬가지다. 외모, 학력, 봉급 등을 기준으로 남성을 선택하면 역시 머지않아 후회를 하게 된다.

아이가 뛰어난 판단 능력을 갖추고 풍부한 감수성을 갖도록 하려면 무엇보다도 자연과 접촉할 기회를 많이 제공해야 한다. 그래서 아이가 스스로 새로운 세계에 흥미를 느끼고 미지의 세계에 도전하는 자세를 갖도록 해야 한다. 또한 생물에 대한 경외심을 품도록 가르쳐야 한다. 그런 마음가짐을 갖게 되면 모든 생명체와 세상에 대해 항상 감사하면서 공존하는 법을 배울 수 있다.

10

오감이 발달하면
상상력이 풍부해진다

인간만이 오감을 가지고 있다

오감은 시각, 청각, 후각, 미각, 그리고 피부로 느끼는 촉각을
말한다. 이 외에도 인간의 감각에는 신체 내부에서 느끼는 감각,
즉 심부감각, 평형감각, 내장감각도 있다. 심부감각은 근육이나
힘줄을 통해 느끼는 감각이고, 평형감각은 내이內耳의 미로기관
으로 느끼는 감각이며, 내장감각은 내장의 통각신경을 통해 느

끼는 감각이다.

인간은 어릴 때부터 오감을 비롯한 모든 감각을 발달시켜야 한다. 사실 환경이나 인종에 따라 감각 능력에는 많은 차이가 있다. 순수한 자연환경에서는 태양이 뜨고 지면서 낮이 되고 밤이 된다. 오늘날 우리가 문명의 혜택으로 여기는 것 중의 하나는 어둠이 없는 환경이다. 요즘 사람들은 진정한 어둠을 잊고 살아간다. 하지만 두뇌를 잘 발달시키고 유지하려면 자연의 순리에 따라 밝음과 어둠이 바뀌는 환경 속에서 살아야 한다.

인간은 하등 동물과 달리 한 가지 감각이 다른 감각과 공조하여 복합적인 감각을 만드는 능력을 갖추고 있다. 서로 다른 감각을 복합적으로 느낀다는 의미에서 나는 이것을 '공감각'이라고 부른다. 공감각의 능력은 인간의 삶에 매우 중요한 의미를 지니고 있다.

예전에 이런 사례가 보고 된 적이 있다. 다운증후군을 앓던 어떤 소년이 어린시절부터 피아니스트인 엄마가 피아노를 치는 모습을 지켜보곤 했는데, 어느 순간부터 피아노를 치게 되었다는 이야기다. 이런 기적이 가능한 것은 인간이 공감각의 능력을 가지고 있기 때문이다.

인간은 물론이고 동물도 오감을 통해 다른 개체들과 접촉하며 살아가야 한다. 생명체가 오감을 갖고 있지 않다면 이 세상에 존재할 의미를 상실하게 된다. 동물적 본능인 집단욕이나 성욕은 나 이외의 다른 존재와의 접촉을 뜻한다. 인간의 식욕은 단순히 배를 채운다는 것 이상의 의미가 있다. 식욕은 세상에 대한 시야를 넓히는 창구가 되기도 한다. 아이에게 패스트푸드처럼 일정한 가격에 일정한 맛의 음식만을 먹인다면 아이가 인지하는 세계의 폭은 좁아질 수밖에 없다. 생선회를 먹는다면 물고기에 대해 알려주고 야채를 먹는다면 그 야채에 대해 가르쳐주는 과정이 필요하다. 자연 그대로의 살아 있는 모습을 보여주면 더할 나위 없는 훌륭한 가르침이 된다.

인지하는 세계가 넓어질수록 두뇌가 잘 발달하며 이해의 폭도 넓어진다. 살아 있는 동물들과 자연을 많이 접한 아이는 상상력이 풍부해지며, 육지와 바다에 대해 깊이 생각하면서 자연에 대한 사랑의 감정을 품게 된다. 우리는 자녀들이 그런 의식을 갖도록 키워야 한다.

오스트리아 화가 구스타프 클림트는 '여자의 일생'이라는 그림에 늙어가는 것을 두려워하는 여성의 모습을 담았다. 누구나 나이가 들면 이 여성처럼 육체가 노쇠해지는 것을 두려워한다. 그러나 젊은이처럼 항상 호기심 가득한 마음을 가지고 있다면 늙어가는 것을 두려워할 필요가 없다. 사실 늙는 것을 두려워하게 만드는 사회적인 풍조에도 문제가 있다. 주변에 오감이 잘 발달한 사람들과 함께 살아가면 늙는 것이 두려움으로 다가오지 않는다. 그들은 서로를 잘 이해하고 항상 남을 친절하게 대하면서 낙천적인 사고방식을 가지고 살아간다.

태아는 엄마의 뱃속에서 원시감각만으로 생활한다. 사실 두뇌보다 먼저 발달하는 것이 몸 전체를 덮고 있는 피부다. 동물이든 식물이든 우선 외피가 먼저 형성된다. 인간의 경우도 외부에 막(피부)이 먼저 형성되고, 그 막 안에 장기들이 떠 있는 형국으로 기관이 발달한다. 이 막이 안쪽으로 파고들어 앞뒤로 길게 뻗어서 두뇌가 만들어진다. 앞으로 뻗은 부분은 부풀어 뇌가 되고 뒤로 뻗은 부분은 척수가 된다. 따라서 뇌와 피부는 형제나 다름없는 관계라고 할 수 있다. 피부를 자극하면 뇌가 자극을 받고, 뇌가 자극을 받아서 좋은 명령을 내리면 피부에 윤기가 흐르게 된다.

흔히 젊은 여성의 얼굴이 유난히 밝고 윤기가 흐르면, "요즘 연애하는 거 아냐?"라는 질문을 던지곤 한다. 실제로 즐거움을 느끼면 뇌가 피부에 바람직한 명령을 내려 피부에 탄력을 주게 된다.

피부 전체에는 감각수용기receptor가 흩어져 있다. 이 감각수용기를 통해 주변 환경이나 다른 사람과의 직접적인 교류가 이루어진다. 나머지 4개의 감각기관, 즉 보고 듣고 냄새 맡고 먹는 일을 담당하는 기관은 모두 뇌와 가까운 얼굴에 자리 잡고 있다.

두뇌의 구조를 조사해보면 여러 곳에서 받은 자극들이 뇌를 활성화시킨다는 사실을 알 수 있다. 그 중에서도 가장 중요한 자극은 음식을 씹는 행위다. 그러므로 아이가 음식을 꼭꼭 씹어 먹는 습관을 갖도록 지도해야 한다.

얼굴을 포함한 신체에는 매우 주요한 기능을 하는 비교적 큰 구멍들이 있다. 남성에게는 9개가 있고 여성에게는 10개가 있다. 이 구멍들은 신진대사와 생식을 위해 필요한 것들이다. 특히 다른 존재를 받아들여 새로운 생명을 잉태하는 것도 이 구멍을 통해 이루어진다. 이런 행위 역시 사람과 사람 사이의 직접적인 교류라고 할 수 있다. 이처럼 중요한 역할을 수행하기 때문에 피부에 열려 있는 구멍 주변에는 당연히 감각이 잘 발달되어 있다.

잠재능력은 학습으로 개발된다

여성은 '자궁으로 생각한다'는 말이 있는데, 이 말에는 나름대로 근거가 있다. 여성의 자궁은 매달마다 리듬에 따라 움직인다. 결혼해서 임신을 하면 자궁이 엄청나게 커지므로 여성이라면 늘 자궁에 신경을 쓰지 않을 수 없다. 그러나 사실 모든 생각은 뇌에서 이루어지므로, 엄밀히 말해 이 말은 적절한 표현이 아니다.

두뇌는 고랑을 경계로 하여 앞쪽 부분을 전두엽이라고 부르는데, 그 표면을 덮고 있는 뇌의 두께는 2.5밀리미터다. 이 2.5밀리미터의 표면에 약 140억 개의 신경세포가 있다. 물론 뇌 전체에 존재하는 신경세포의 수는 은하에 존재하는 별의 수의 절반쯤인 1,000억 개나 된다. 그 중에서 인간에게 가장 중요한 정신활동을 담당하는 전두엽은 '새로운 뇌'라고 할 수 있다.

인간은 이렇게 전두전야가 발달했기 때문에 세상에 태어날 때부터 많은 잠재능력을 가지고 있다. 태어날 때 두뇌에는 이미 1,000억 개의 신경세포가 존재하지만, 그 이후에는 더 이상 증가하지는 않는다. 아니, 태어나는 순간부터 신경세포는 감소하기 시작한다. 즉시 노화가 시작되는 것이다.

1799년 7월 남프랑스 아베롱의 숲에서 12살 가량의 야생소년이 발견되었다. 발견 당시 소년은 야생 동물과 다를 바 없었다. 시선은 항상 멍하니 허공을 헤매고 있었고, 음악이나 시끄러운 소리에도 관심을 보이지 않았다. 물론 말을 전혀 하지 못했고 입으로 내는 소리도 단조로운 후두음뿐이었다. 후각도 제대로 발달하지 못해 코를 찌르는 냄새에도 반응이 없었다. 그에게는 정신활동 자체가 없었다.

많은 의사들은 이 아이가 도저히 인간사회에 동화될 수 없다고 진단했다. 그런데 이타르드라는 의사는 교육과 훈련을 통해 이 아이의 인간성을 회복시킬 수 있을 것이라고 믿고 최선을 다해 말을 가르쳤다. 그러나 그 노력은 실패로 돌아갔다. 야생소년은 결국 단 한 마디의 말도 할 수가 없었다. 언어를 학습해야 할 적령기를 이미 지나버렸기 때문이다.

정말 비극적인 이야기가 아닐 수 없다. 이 이야기는 아무리 뛰어난 잠재능력을 가지고 있다고 해도 학습을 하지 않으면 정상적인 인간으로 성장할 수 없다는 교훈을 던져주고 있다. 그렇다면 여전히 잠재능력을 가지고 있음에도 말을 할 수 없었던 이 아이는 다른 면에서 어떤 행동을 보였을까. 이타르드는 이 점에 대해서도 자세한 보고서를 내놓았다.

소년은 발견된 지 몇 년 지나지 않아 사춘기를 맞이했다. 그의 마음속에도 서서히 성욕이 끓어오르기 시작했다. 그러나 언어를 모르기 때문에 자신이 남성인지 여성인지 인식을 하지 못했다. 동물은 언어가 아닌 본능으로 암컷이나 수컷으로서의 행동을 하지만, 인간의 경우는 자각이 없으면 성에 대한 정체성을 갖지 못한다.

소년을 여성 집단과 남성 집단 앞에 세워두자, 본능적으로 여성 집단 쪽으로 향했다. 소년은 아마 시각이나 냄새 등 소위 오감을 이용해 이성을 감지할 수 있었을 것이다. 하지만 여성 앞에서 어떻게 행동해야 할지 몰랐던 그는 자신의 성욕을 폭력으로 변화시켜 표현했다.

언어뇌가 뚜렷이 형성되어 있으면 자신의 느낌을 언어로 표현할 수 있다. 그리고 어떤 느낌이 자신의 내면 세계로 향하면 사고가 된다.

계획을 세우는 것도 전두엽에서 이루어진다. 전두엽은 인간의 행동을 프로그래밍하는 장소인 것이다. 뇌에는 각각의 오감을 수용하는 장소가 있고, 전두엽은 최종적으로 그런 감각 정보들을 기초로 하여 행동을 계획하고 명령한다. 계획을 세우는 일에도 언어가 필요하다. 그러므로 언어가 아직 발달하지 않은 아이에게는 지식을 주입해도 별 효과를 거둘 수 없다. 따라서 아이의 교육은 두뇌 발달과 보조를 맞추어 해야 한다.

인간의 고차원적인 정신활동 중에는 사고하고 계획하는 것 외에도 판단을 내리는 것도 있다. 도스토예프스키의 소설 『죄와 벌』의 주인공은 오랜 시간 생각한 끝에 고리대금업자를 죽인다. 셰익스피어의 희곡 『햄릿』의 주인공도 많은 시간 동안 고민에 잠긴다. 인간은 생각을 통해 판단을 내린다. 우리는 '오른쪽으로 갈까, 왼쪽으로 갈까', '할 것인가, 안 할 것인가' 등의 판단의 문제를 항상 안고 살아간다.

판단을 내리는 방식은 인종에 따라 조금씩 다르다. 예를 들어 미국인들은 비교적 명확한 답을 제시하는 경향이 있는데, 이는 사막문화에서 유래한 결과라고 할 수 있다. 하지만 삼림문화 속에서 생활했던 일본인들은 판단을 내리는 데 매우 신중하다. 어쨌든 문화나 인종은 달라도 생각하고 계획하고 판단을 내려 새로운 것을 창조하는 데는 큰 차이가 없다. 중요한 사실은 이런 고차원적인 두뇌 활동이 인간만이 가지고 있는 특권이라는 점이다.

전 세계의 영장류는 180종 가량 되지만 전두엽에 있는 소프트웨어를 이용해 성관계를 갖는 종은 인간뿐이다. 인간은 전두엽을 통해 이성에 대한 관심을 가진다. 따라서 스트레스로 인해 전두엽에 문제가 발생하면 이성에 대한 관심이 멀어지게 된다.

젊은 사람들 사이에서 만연되어 있는 섹스기피증후군은 전두엽에 문제가 생겨서 발생하는 증상이다. 그 원인으로는 교육, 가정환경, 식생활, 컴퓨터 등 여러 가지가 있다. 컴퓨터는 빠르고 정확하지만, 인간은 지나치게 빠르고 정확한 것에만 보조를 맞출 수는 없다. 젊은이들은 무엇이든 빠른 것을 추구하지만, 빠르면 빠를수록 중요한 많은 것들을 놓쳐버린다는 사실을 알아야 한다. 인간은 시행착오를 겪으며 생각하는 존재이기 때문이다. 요즘의 교육제도는 사회에 비정상적인 인간을 배출시키고 있다. 입시 위주의 편향된 교육의 가장 큰 피해자가 바로 아이들이라는 점을 자각할 필요가 있다.

원시감각은 정신활동의 원동력이다

새끼 침팬지는 갓난아기와 마찬가지로 어미의 정성스런 손길을 필요로 한다. 침팬지는 적어도 5년 동안은 어미의 젖을 빤다. 하지만 어미의 젖이 나오는 기간은 3년 정도밖에 안 된다. 나중에는 젖을 먹는 것이 아니라, 젖을 빠는 행위를 통해 어미와 정신적인 교류를 한다.

원숭이 가족 내에는 아비가 없기 때문에 새끼는 어미에게 전적으로 의지한다. 만약 5살이 되기 전에 어미가 죽어버리면 새끼의 두뇌는 제대로 발달하지 않는다. 그래서 먹이를 거부하다가 결국에는 굶어죽고 만다. 그만큼 새끼의 두뇌 발달에는 입의 감각이 중요하다.

입의 감각은 미각, 후각, 촉각, 그리고 내장감각으로 구성된다. 갓난아기가 젖을 빨 때는 엄마가 무엇을 먹었는지 지각하면서 외부 세계를 이해한다. 엄마가 이상한 음식을 먹게 되면 그 성분이 젖을 통해 배출되고, 아이는 젖에 대해 거부감을 표시한다. 갓난아기는 무엇이든 입으로 접촉함으로써 상대방과 자신의 거리와 크기를 파악한다. 이런 감촉을 느끼지 못한 채 자란 아이 역시 두뇌 발달에 문제가 발생한다.

아프리카 소말리아에서 갓난아기는 유두를 물고 있지만, 엄마가 굶주려 있기 때문에 젖을 충분히 먹을 수가 없다. 하지만 엄마와 그런 식으로라도 접촉을 해야만 세상을 이해할 수 있다. 입은 내장기관의 관문이므로 입의 감각은 내장감각과 연계되어 있다. 나이를 먹어서도 입의 감각은 매우 중요하다.

인간의 정신활동은 원시적인 감각인 미각, 촉각, 내장감각 등을 기초로 이루어진다. 어렸을 때 이러한 감각의 발달이 지체되면 성인이 되어서도 미래는 그리 밝지 않다.

내가 어릴 때는 해가 떨어지면 주변 환경은 그야말로 새까만 어둠에 휩싸였다. 아이들은 그런 어둠 속에서 귀신놀이나 숨바꼭질을 하면서 놀았다. 지금은 그렇게 뛰노는 아이들을 찾아볼 수 없다. 개울에는 물고기가 넘쳐났고 마을에 있던 넓은 들판에는 풀이 무성한 공지가 있었으며 꼬불꼬불한 골목길도 많았다. 어른이든 아이든 모두 그런 곳에서 인간적인 교류를 나누곤 했다. 지금은 어떠한가. 사람과 사람 사이에는 온갖 기계나 기기 따위가 가로막고 있어 직접적인 교류를 나눌 수 있는 기회가 거의 없고 장소도 많지 않다. 이런 환경과 조건 속에서 아이들의 전두엽은 제대로 발달할 수 없다.

전두엽을 제외한 나머지 부분은 모두 하드웨어다. 현재의 교육은 하드웨어에만 계속해서 정보를 주입하는 식이다. 이렇게 하드웨어에만 지식이 유입된 아이들이 성인이 되어 사회에 나오게 되면 당연히 심각한 문제가 발생한다. 아이를 인간다운 인간으로 키우는 과정은 공장에서 컨베이어 벨트에 실어 물건을 만들어내는 과정과는 완전히 다른 것이다.

두뇌 소프트웨어는 입력된 지식과 정보를 환경 변화에 맞춰 사용할 수 있도록 가공하는 곳이다. 이곳이 단련되어 있지 않으면 머릿속에 아무리 많은 지식을 입력해도, 모두 죽은 지식에 지나지 않는다. 즉 지능이라고 할 수 없다. 모르는 것이 있으면 어디에서 어떻게 찾아야 하는지 생각할 수 있는 능력, 바로 그것이 지능이며 교양이다.

두뇌 발달의 3요소는
신체, 마음, 식생활이다

사춘기 성장의 사령탑은 시상하부다

사춘기에는 신체의 각 부분이 급격히 성장하면서 동작이 유연해진다. 이러한 신체 발달도 당연히 두뇌의 명령에 의해 이루어지는 현상이다. 그렇다면 두뇌의 어떤 부분이 그 사령탑에 해당할까.

우선 신체 각 부분에 흩어져 있는 내분비기관에 특유의 호르몬을 보내어 혈액 속으로 내보내라는 명령을 내리는 기관이 있다. 바로 완두콩만한 크기의 뇌하수체다. 뇌하수체는 전엽, 중엽, 후엽으로 구분되어 있으며, 대개 전엽 부분이 가장 많은 활약을 한다. 신체를 발달시키는 성장호르몬은 전엽에서 만들어진다. 성장호르몬은 특히 사춘기 전에 대량으로 배출된다.

'잠을 많이 자는 아이가 잘 자란다'는 속설은 사실 일리가 있는 말이다. 실제로 성장호르몬은 잠을 자는 동안 많이 배출된다. 사춘기로 접어들면 소녀는 초경을 맞이하고 소년은 사정을 체험하는데, 그런 현상이 발생하도록 난소나 정소에 명령을 내리는 '성선 자극 호르몬'을 배출하는 곳도 전엽이다. 그 밖에도 수많은 명령호르몬이 있지만 여기서는 생략한다.

그런데 전엽에게 어떤 호르몬을 배출하라거나 좀 더 많이 배출하라는 식으로 명령을 내리는 상관이 또 있는데, 다름 아닌 시상하부다. 시상하부는 뇌하수체의 바로 위에 있는 1평방 센티미터 정도의 작은 신경세포 덩어리로 감정의 중추 역할을 하는 곳이다. 한편, 시상하부와 뇌하수체를 연결하고 있는 것은 신경이 아니라 가느다란 혈관이다. 이곳을 지나는 특별한 호르몬이 시상하부의 명령을 뇌하수체에 전달하여 뇌하수체 호르몬 배출을 제어하는 것이다.

이처럼 뇌의 구조와 기능은 매우 복잡하다. 예를 들면, 일본열도에 서식하는 일본원숭이는 평생에 한 번, 가을부터 겨울에 이르는 기간에 발정을 한다. 가을이 되면 태양이 비치는 시간, 즉 일조시간이 짧아졌다는 정보를 시상하부가 받아들이고, 그 정보를 뇌하수체에 전달함으로써 난소와 정소가 자극되어 발정기가 시작된다. 연어가 가을이 되면 고향의 강으로 거슬러 올라오기 시작하는 원리도 일본원숭이의 경우와 비슷하다. 일본원숭이도 두뇌에는 대뇌신피질이 존재하지만 발달 정도가 미미하기 때문에 동물뇌의 일부인 시상하부의 명령에 의해 생식활동이 이루어진다.

인간의 경우에는 시상하부에 명령을 전달하는 대뇌신피질이 형성되면서 따로 발정기가 없어지고 마음먹은 대로 발정이 가능해졌다. 하지만 두뇌의 다양한 작용이 시상하부에 전달되면서 월경주기가 불규칙한 여성이나 발기부전에 걸리는 남성이 생기게 되었다. 사춘기 소녀가 급격하게 다이어트를 하는 바람에 월경주기가 불규칙해지거나 갑자기 월경이 없어지는 증상을 겪는 경우도 이에 해당한다.

전두엽이 스트레스를 받아 월경주기에 이상이 생기는 것도, 대뇌신피질→시상하부→뇌하수체→성선이라는 경로에 벽이 생겨서 발생하는 현상이다. 두뇌가 순조롭게 활동하지 못하면 제2차 성징, 신체발육, 내장의 기능에도 악영향을 미친다. 이처럼 두뇌의 발달은 특히 사춘기의 성장과도 밀접한 관계가 있다.

두뇌가 건강하면 인생 문제도 쉽게 풀린다

건강한 삶을 살아가기 위해서는 무엇보다도 두뇌의 활성화가 필요하다. 두뇌를 활성화시키는 데 필요한 세 가지 요소는 마음, 신체, 식생활이다. 그렇다면 여기서 말하는 마음이란 무엇인가. 미국의 시인 새뮤얼 울만의 『청춘』이라는 시에는 이런 구절이 나온다.

"청춘이란 인생의 한 시기가 아니라 마음 속에 있는 것이라네."

인간의 성도 단순히 남녀의 하반신이 접촉하는 행위가 전부는 아니다. 마음과 마음의 접촉이 없는 성관계는 인간적인 성관계라고 할 수 없다. 클라크라는 시인은 "인간에게 정말 소중한 것은 무엇이고 살아 있다는 증거는 무엇일까?"라는 질문을 던지고 다음과 같은 결론을 내렸다.

"그것은 서로를 이해하며 배려하는 마음을 갖고, 손을 맞잡았을 때 느껴지는 따뜻한 온기다."

마음을 통해 교류하며 피부를 접촉하는 것이 인간이 살아가는 데 필요한 진정한 사랑이라는 의미다. 마모셋이라는 남미산 원숭이는 보기 드물게 일부일처제를 고수하는 동물이다. 마모셋은 주로 쌍둥이를 낳는데, 출산 시 수컷이 산파 역할을 한다. 새끼를 등에 업거나 끌어안으며 키우는 이들이 새끼와 접촉할 때는 몸속에서 호르몬이 배출된다. 인간도 마찬가지다.

손을 비롯한 여러 부위의 피부 접촉을 통해 서로의 체온을 느끼면 호르몬이 배출된다. 프로락틴이라는 이 호르몬은 피부를 아름답게 해주는 것으로도 유명하다. 출산 후 산모의 피부가 투명해지는 것도 프로락틴의 영향이다. 피부 접촉을 하면 호르몬이 작용한다는 사실을 보여주는 좋은 예다.

1997년 프랑스의 잔 칼망이라는 여성이 122세의 나이로 세상을 하직했는데, 살아 있을 때 건강의 비결을 묻자 이렇게 대답했다.

"간단해요! 두 가지뿐인 걸요. 자주 웃고 시간을 지루하지 않게 보내는 거예요."

풍부한 감성과 호기심의 원천인 건강한 두뇌를 가지면 장수할 수 있다는 말이다. 어떤 일에든 호기심을 가지고 적극적으로 도전하며, 풍부한 감성을 가지고 있는 사람은 삶이 항상 흥미진진하다고 느낀다. 하지만 주변 환경에 관심도 없고 감동적인 경험도 거의 없다면 삶 자체에 흥미를 잃어버린다. 요즘 젊은이들은 웬만한 일에 별 감흥을 느끼지 못하는 것 같다. 따라서 그들의 표정에는 활기가 없다.

두뇌의 대뇌신피질 밑에는 여러 가지 신경덩어리가 있는데, 그것을 '대뇌기질핵'이라고 한다. 이 대뇌기질핵이 활성화되면 표정에 생기가 돈다. 그 정반대인 극단적인 예로 치매가 있다. 알츠하이머 타입의 치매이든 뇌경색 타입의 치매이든, 치매에 걸린 사람의 얼굴은 갓난아기와 비슷하다. 갓난아기의 표정은 고양이와 비슷하고 울 때도 어른처럼 다양한 표정을 짓지 못한다. 뇌가 발달해가면서 인간은 윙크도 할 수 있고 코웃음도 치게 되는 등 여러 가지 표정을 짓게 되었다.

갓 태어난 원숭이도 갓난아기처럼 입으로만 감정을 표현하다가 두뇌가 발달하면서 눈을 사용하게 된다. '입은 동물뇌에 의해 표현되는 기관이고 눈은 새로운 뇌에 의해 표현되는 기관'이라는 말도 있다.

사실 모든 인간사의 향방은 마음가짐에 달려 있다. 두뇌를 활성화시키는 것도 마찬가지여서, 규칙적으로 생활하느냐 그렇지 않느냐에 따라 큰 차이가 있다. 인간은 자연환경에 따른 생리적 리듬에 맞추어 생활해야 한다. 그래야만 두뇌의 활동이 활발해져 모든 문제를 수월하게 풀어나갈 수 있다. 태양계에 살고 있는 인간은 밝음과 어둠의 주기에 따라 생활하는 것이 바람직하다. 가능하면 일찍 자고 일찍 일어나야 하며, 수면 시간은 개인에 따라 차이가 있지만 8시간 정도가 적당하다. 사정이 여의치 않은 경우에도 최소한 6시간의 숙면을 취해야 한다. 전두엽의 프로그래밍 센터가 행동 계획을 잘 세우기 위해서는 이런 규칙적인 생활방식이 필요하다. 그리고 수면 시간뿐 아니라 무슨 일이든 항상 계획을 세우도록 아이들을 지도해야 한다.

한편, 두뇌를 활성화시키는 데는 어떠한 신체 활동이 좋을까. 우선 가벼운 운동으로 피부를 자극해주는 것이 좋다. 어떠한 자극이 좋은가는 오랜 세월 동안 인간이 진화하면서 무엇이 어떻게 발달했는가를 살펴보면 알 수 있다.

인간은 진화 과정에서 네 발로 걷다가 어느 시기에 두 발로 서서 발끝에 체중을 싣고 걷게 되었다. 뒤꿈치가 아니라 발끝을 자극하면서 걷게 된 것이다. 걷는 방식이 바뀌면서 직접감각야에 연결되어 있는 신경회로를 통해 뇌가 활성화되었다. 편리함을 추구하는 현대인들은 옛날 사람들에 비해 걸어 다닐 일이 많이 줄었다. 가능하면 웬만한 거리는 걸어서 다니고 엘리베이터보다는 계단을 이용하는 습관을 들여야 한다.

집 주변에 있는 공원이나 산길을 아이와 함께 자주 산책하는 것도 좋다. 걸으면서 신기한 꽃이나 새가 있으면 자세히 관찰해보면서 아이의 호기심을 자극해주자. 동식물의 이름을 모르면 집에 돌아와 아이와 함께 도감을 들춰보자. 아이에게 이런 훈련

어린시절부터 텔레비전, 비디오, 컴퓨터 같은 영상매체에 지나치게 빠져 있는 아이는 성장하면서 허구와 현실을 제대로 구별하지 못하는 경향이 있다. 또한 생명의 존엄성이나 이타심을 알지 못하고 자기중심적인 인물이 될 가능성이 높다.

을 시키면 성장하면서 스스로 문제를 해결하는 습관이 자연스럽게 몸에 배게 된다. 걷는 생활을 습관화하면 평소 눈에 보이지 않던 새로운 것을 발견하게 되고 호기심이 생겨 뇌는 더욱 자극을 받는다.

인간은 두 발로 직립보행을 하면서부터 손이 자유로워졌다. 요즘 아이들은 손을 많이 사용하지 않는다. 기껏해야 컴퓨터 자판을 치거나 연필을 쥐고 그림이나 글씨를 쓰는 데 손을 이용할 뿐이다. 우리의 옛 조상들은 손이 자유로워지자 무기나 도구를 만들기 시작했고, 그 결과 뇌가 고도로 발달하게 되었다. 손을 많이 사용하면 신경회로가 자극되어 뇌의 감각야가 활성화된다. 그러면 머리 꼭대기의 두정엽에 있는 신경이 활동하고 그 자극을 전두엽에 전달한다.

다음으로 중요한 것은 음식을 씹는 행위이다. 먼 옛날 우리 조상들은 하루에 음식을 씹는 횟수가 6,000회 정도였다고 한다. 바쁜 경제활동을 하는 현대인들은 식사를 빨리 하는 습관에 익숙해져 있어 음식물을 씹는 횟수가 엄청나게 줄어들었다.

한자로 '먹는다' 는 뜻의 글자 食식은 '사람人을 좋게良 만든다' 는 의미를 내포하고 있다. 식사는 좋은 사람을 만드는 행위인 것이다. 최근에는 식사를 너무 소홀히 여기는 경향이 있다. 사람들은 마치 원숭이가 먹이를 먹는 것처럼 식사를 한다. 아버지는 업

무에 얽매여 간단히 끼니를 때우고, 아이들은 학교와 학원을 바쁘게 오가느라 대충대충 먹고, 엄마는 혼자 먹기 싫어서 밖에 나가 친구들과 외식을 한다. 이러한 현대인들의 식사는 배만 채우면 된다는 동물적인 식사와 다를 바 없다. 인간적인 식사는 사람들과 함께 둘러앉아 대화를 나누면서 서로의 감정을 교류하는 통로가 되어야 한다.

요즘은 직접적인 커뮤니케이션 횟수가 줄어들고 동물적인 식사를 하기 때문에 아이들이 인지할 수 있는 세계의 폭이 엄청나게 줄어들었다. 이렇게 세계를 보는 시야가 좁아지게 되면 결국 자연과 동식물에 대한 이해심이나 생명에 대한 존엄성을 갖지 못하게 된다. 끔찍한 범죄가 발생하는 근본적인 원인이 바로 이런 현상에 있는 것이다.

대화를 단절시키고 감정 교류를 차단시키는 장벽 중의 하나로 컴퓨터를 들 수 있다. 오늘날 컴퓨터는 어디에서나 필수적인 문명의 이기라고 할 수 있지만, 요즘 아이들은 너무 어린 나이에 컴퓨터를 만지기 시작한다. 아이들이 컴퓨터로 하는 것은 주로 게임이다. 게임 속에 등장하는 인물은 피를 흘리며 죽어도 잠시 후에 다시 살아날 수 있다. 이것은 소위 '의사체험'이라고 할 수 있지만, 판단력이 부족한 아이들은 그런 장면을 현실과 혼동하는 경우가 많다. 따라서 현실 속의 생명체도 죽이면 다시 살아날 수 있다고 착각하기 쉽다.

음식물을 씹는 횟수가 점차 줄어들면 어떻게 될까? 쥐 행동 실험에서 부드러운 먹이를 준 쥐와 딱딱한 먹이를 준 쥐의 미로 학습을 비교해보면, 딱딱한 먹이를 먹은 쥐가 훨씬 좋은 결과를 보였다. 아이가 부드러운 음식만을 먹고 잘 씹어 먹지 않으면, 성장하면서 약해진 이가 이리저리 뒤틀려 인상이 나빠질 뿐 아니라 턱 관절의 이상을 초래하기도 한다. 80세가 되어서도 20개의 이를 건강하게 유지할 수 있으려면 상당한 노력이 필요하다. 그런 점에서 부모는 아이가 유아기부터 좋은 습관을 갖도록 지도해야 한다.

학습과 기억의 뇌는 태아기에 형성되며 건강한 태내 환경이 태아의 두뇌 발달의 기반이 됩니다. 태내 환경을 최적의 상태로 만들기 위해서는 엄마가 항상 심신을 편안하게 하고 좋은 생활습관을 유지해야 합니다. 특히 태교는 부부가 함께 하면 더욱 효과적입니다.

태아기부터 아이의 두뇌 발달에 신경 써라

12. 태아는 엄마에게 계속 신호를 보내고 있다

13. 갓난아기는 모유로 세상을 인지한다

14. 엄마의 좋은 생활습관이 가장 훌륭한 태교다

15. 임신 시기별 효과적인 태교법

16. 학습과 기억의 뇌는 태아기에 형성된다

17. 태아의 신호에 호응하는 분만을 하자

태아는 엄마에게 계속 신호를 보내고 있다

태교란 무엇인가

요즘은 육아에 대한 뚜렷한 개념을 갖고 있는 엄마가 드문 것 같다. 결혼한 여성은 임신 전부터 올바른 육아법을 제대로 알고 있어야 한다. 육아는 임신 전, 임신 중, 그리고 출산 후로 이어지는 동일한 시간 축에서 행해져야 한다. 결코 어느 시점에서 갑자기 해야 하는 것이 아니다. 그런데 많은 엄마들이 버스 떠난 뒤에 서둘러 따라잡는 식으로 뒤늦게 육아 문제를 생각하기 시작한다. 그래서 강좌를 듣거나 책자를 보면서 갈팡질팡한다. 하지만 그런 가르침을 전혀 받지 않은 침팬지들도 새끼를 낳아서 훌륭하게 키운다는 사실을 염두에 둔다면 올바른 육아법이 무엇인가를 깨달을 수 있을 것이다.

태교란 무엇인가. 중국에서 이미 수천 년 전부터 실시되어온 태교는 태아에게 좋은 영향을 주기 위해 엄마가 가져야 할 올바른 태도와 생활방식을 말한다. 마음속에 사랑을 품고 태아가 지금 뱃속에서 어떤 상태에 놓여 있는지, 어떻게 발달하고 있는지 생각하면서 규칙적이고 평온하게 생활하는 것이 태교다.

이런 점에서 태교는 전혀 특별한 방법이 아니다. 뱃속에 있는 태아의 발달 상황은 엄마가 기본적으로 알아두어야 할 사항이다. 출산 후에도 갓난아기는 1년 동안 아무 것도 할 수 없다. 손발을 움직이지만 걷지는 못한다. 갓난아기는 엄마와의 접촉을 통하여 발달하므로, 나는 이 시기의 아이를 '자궁 밖의 태아'라고 부른다.

갓난아기를 태아라고 칭한 것은 아직 뇌가 발달하지 못해 뚜렷한 능력을 발휘할 수 없기 때문이다. 0살이라고 할 수 있는 이 시기가 끝날 즈음에 아기가 기억하는 단어는 불과 3개 정도다. 2살이 끝날 즈음에는 270단어 정도, 3살 때는 900단어, 4살 때는

1,500단어를 기억한다. 그리고 2~3살이 되면 아기는 언어를 어느 정도 구사하게 된다.

언어로 의사소통을 할 수 있는 동물은 인간뿐이다. 설사 침팬지가 열쇠로 3개의 문을 열 수 있다 하더라도 말은 할 줄 모른다. 침팬지와 마찬가지로 갓난아기는 적어도 2살이 될 때까지는 냄새, 맛, 내장감각 등의 원시감각을 이용하여 주변 상황을 기억한다. 그런 과정을 통하여 뇌가 발달하여 말을 할 수 있으므로, 0~1살까지의 1년 동안은 태아라고 불러도 될 정도로 발달이 미숙한 시기다.

남자 태아를 초음파진단장치로 관찰해보면 성기가 발기해 있을 때가 있는데, 이는 바로 뇌의 미숙함을 보여주는 증거다. 미숙하기 때문에 성기가 어딘가에 접촉하면 말초신경의 작용만으로 발기 현상이 일어난다.

나는 임의로 자궁 안 태아와 자궁 밖 태아를 구분한다. 그 사이에는 출산이라는 생리적 현상이 개입되어 있긴 하지만, 태교는 출산 후에도 계속된다고 생각해야 한다. 임신과 출산 사이에 빗장을 거는 것은 바람직하지 않다. 갓난아기가 세상에 나왔다고 해서 태아 생활이 끝났다고 생각하면 안 된다. 임신한 여성이 출산 후에 아름다워지고 싶다는 생각을 한다면, 임신 중에도 아름다워지려는 노력을 해야 하는 것과 마찬가지다. 출산 전에는 아름다워지기 위한 노력을 전혀 하지 않다가 출산 후에 갑자기 그런 노력을 기울인다고 해서 큰 변화가 생기지는 않는다. 그러므로 임신 중에 엄마로서의 올바른 마음가짐과 자세를 갖춘 사람은 출산 후에도 엄마로서의 역할을 원활하게 수행할 수 있다.

사실 아이를 키워본 부모들은 잘 알겠지만 육아는 마치 전쟁과도 같다. 천사 같은 모습에 순진무구 그 자체인 갓난아기는 대소변을 가리지 못하며 한밤중에 갑자기 울음을 터뜨리기도 한다. 육아란 특별한 게 아니다. 이렇게 아기가 불편할 때마다 엄마가 최선을 다해 보살펴주는 일이 육아다. 엄마는 아기 앞에서 몸으로나 마음으로나 항상 아름다운 모습을 보여주어야 한다. 아직 충분히 발달하지 못한 이 시기에도 아기는 엄마의 모습을 확실하게 기억하기 때문이다.

태아는 엄마의 감정 변화를 안다

태아는 어떤 과정을 거치며 발달할까. 태아는 엄마에게 여러 가지 신호를 보낸다. 우선, 임신을 하면 생리가 멈추는데, 이것이 첫 번째 신호이다. 그리고 속이 메스껍고 컨디션이 좋지 않다고 느끼는 입덧이 시작된다. 입덧은 난포호르몬estrogen과 황체호르몬progesterone이 역전되기 때문에 발생하는 현상으로, 이것 역시 태아가 보내는 신호이다. 태아는 세상에 나오기 전까지 엄마에게 계속해서 이런 비밀신호를 보낸다.

태아가 5개월이 되면 태내에서 여러 가지 활동을 한다. 초음파 진단장치로 살펴보면 양수를 먹고 손가락을 빨기도 하며 눈을 굴리기도 하고 재채기도 한다. 엄마가 배가 고프면 태아도 그것을 감지하고 손가락을 빤다. 물론, 태아가 배고픔을 직접 느끼지는 않지만 뇌를 통해 그런 느낌을 감지한다.

태아는 엄마의 공복감뿐 아니라 감정 변화에도 반응을 보인다. 예를 들면, 엄마가 화를 내거나 불안해하면 스트레스 물질인 아드레날린이 탯줄을 통해 태아의 뇌 중심부에 전달되어 태아도 스트레스를 받는다. 이것은 태아 뇌의 신경세포 형성에 나쁜 영향을 미친다. 태아는 엄마가 보고 느끼는 외부 세계의 빛이나 어둠에도 반응한다. 밝음과 어둠을 느끼는 것은 뇌 안에 있는 송과체라는 장소에서 분비되는 호르몬의 활동 때문인데, 이 호르몬은 밝은 것을 보면 줄어들고 어두운 것을 보면 증가하는 성질이 있다. 엄마가 밝음이나 어둠을 느끼면 그 정보가 역시 호르몬에 의해 태반을 거쳐 태아의 뇌에 전달된다.

한편, 인간은 생물적인 리듬인 생체시계를 가지고 있다. 태아의 생체시계가 형성되는 데는 엄마가 밝음과 어둠을 느끼도록 작용하는 호르몬이 큰 영향을 끼친다. 다시 말하면, 엄마의 생활 리듬이 태아의 생체시계를 만들어준다. 만약 엄마가 태양의 리듬에 상반되는 생활을 하게 되면 태아는 자연적인 생체시계를 갖지 못하게 된다.

임신 중반기에 접어들면 태아는 외부 세계의 소리를 기억하기 시작한다. 자궁 안은 깜깜하기 때문에 외부 세계에서 들어오는 소리 자극은 태아에게 매우 중요한 의미가 있다. 소리를 기억하는 데 중요한 역할을 담당하는 부분이 뇌에 있는 해마다. 해마가 만들어지는 시기는 4개월부터이며, 5개월이 되면 일심동체인 엄마의 목소리를 기억하기 시작한다. 이 시기에 임신한 엄마가 아버지와 자주 말다툼을 벌이면 태아는 당연히 그 소리도 기억한다.

태아의 마지막 비밀신호는 출산이다. 태아는 자신의 부신호르몬으로 엄마에게 신호를 보낸다. 자궁이 따뜻해지면 출산 시기가 임박했다는 징후다. 이 정보는 곧 엄마의 뇌하수체로 보내진다. 이어서 자궁을 수축시키라는 명령을 받은 진통호르몬이 배출되면서 진통이 시작된다. 이 상태에 이르면 태아는 자신이 태어날 날을 스스로 결정한다. 계획출산이 많은 요즘에 예비 부모들은 이 점을 한 번 진지하게 생각해볼 필요가 있다.

뇌를 건강하게 발달시키려면 육아를 일찍 시작할수록 좋다.

아기를 막 출산했다면 지금 시작해도 늦지 않다. 엄마는 탯줄을 통해 태아에게 정보를 주었던 지난 시절을 생각하면서, 아이를 자연친화적이고 주변 사람들과 감정 교류를 할 수 있도록 키우겠다는 마음을 가져야 한다.

태교는 IQ를 높이는 과정이 아니다

출산 계획을 세워놓고 있는 부모들은 태교에 깊은 관심을 가지게 된다. 특히 임신 중인 엄마는 각종 태교법에 대해 신경을 많이 쓴다. 사실 태교라고 하면 태아교육의 약칭이라는 생각에서 태어나기 전부터 무슨 교육이냐며 회의적인 시각을 가진 사람들도 있다. 그렇지만 여기에서 말하는 태교는 태아를 교육시켜 IQ를 높이거나 천재를 만들라는 의미가 아니다.

최근 태아 의학이 크게 진보하면서 태내에서 태아의 성장과 발달이 유아기의 성장 및 발달과 깊은 관계가 있다는 사실이 밝혀졌다. 지금까지 뇌와 감각기관은 태어난 후에 발달한다고 여겨졌지만, 사실은 엄마가 임신 사실을 깨닫지 못하는 임신 초기에 이미 그 기초가 만들어지고 태아가 발달함에 따라 서로 관련을 맺으며 성장하고 발달한다는 것도 새롭게 드러났다.

단 한 개의 수정란이 맹렬한 기세로 세포분열을 반복하고 각각의 역할을 담당하는 세포들이 분화하여 모든 기관이나 조직이 형성되어 인체가 완성되는 모습은 정말 생명의 신비라고 할 수 있다.

태아에게 세상의 전부라고 할 수 있는 태내 환경을 안락한 곳으로 만들어주고 태아의 가능성을 키워주는 일이 태교라고 할 수 있다. 오래 전부터 태교의 개념은 세계 각지에 존재해왔으며, 엄마에게서 딸에게로 대대손손 전해져왔다. 그 중에는 오늘날의 관점에서 볼 때 미신에 가까운 것도 적지 않지만, 과학적으로도 충분히 근거가 있는 방법도 포함되어 있다. 특히 임신 중의 주의사항 따위는 나름대로 일리가 있는 것도 있다. 일본에서는 예로부터 임신한 여성에 관한 이런 속담이 전해지고 있다

'임신 중에 화재를 보면 붉은 반점이 있는 아이를 낳는다.'

언뜻 들으면 미신처럼 여겨지는 이 말에는 임신부가 큰 충격을 받으면 태아에게 나쁜 영향을 미친다는 가르침이 담겨 있다. 또한 이런 속담도 있다.

'화장실 청소를 하면 예쁜 아기를 낳는다.'

이 말은 임신 중에도 적당히 몸을 움직이고 주변을 청결하게 하는 것이 중요하다는 가르침을 주고 있다. 예로부터 전해지는 태교에는 오랜 세월 축적된 경험에서 우러나온 가르침이 포함되

어 있어 오늘날에도 본받을 사항이 많다. 태교는 아주 복잡하고 차원 높은 교육이 아니다. 바로 태아에게 좋은 환경을 만들어주는 일이 올바른 태교다.

태아의 뇌는 동물적 감각과 깊은 관계를 가지면서 발달한다. 오감으로 느끼는 기분 좋은 자극이 아직 완성되지 않은 뇌를 성숙시킨다. 뇌에는 동물적 감각을 담당하는 부분과 사고 활동을 담당하는 부분이 있다. 그런데 이 동물적 감각을 담당하는 부분이 토대가 되어서 지적 활동을 하는 부분이 발달된다. 이 토대가 확실하게 갖추어지지 않으면 설사 유아기에 기억력이 뛰어나거나 천재적인 재능을 발휘한다 하더라도 그 능력은 오래 지속되지 않는다. 부모들은 태교에 관해 이런 질문을 많이 한다.

"태교로 머리 좋은 아이를 낳을 수 있나요?"

분명히 말하지만 태교로 IQ가 높아질 수는 없다. 태교는 IQ를 직접 높이거나 영재를 만드는 과정이 아니다. 그러나 한 개의 수정란이 엄마의 뱃속에서 세포분열을 계속하며 놀랍게 성장하는 266일 간의 과정이 순조롭게 진행되면, 어떤 아이든 장래가 밝은 인물이 될 충분한 가능성을 가지게 된다.

물론, 아이가 뛰어난 머리를 가지고 태어났다면 그보다 기쁜 일은 없을 것이다. 그러나 그런 아이가 머리만 좋을 뿐 상냥한 마음씨나 삶에 대한 의욕을 가지고 있지 않은 인물로 성장한다면, 그것은 부모에게는 물론이고 본인에게도 결코 행복이라고 할 수 없을 것이다. 엄마는 아이를 무조건 지능이 뛰어난 인물로 키우려고 하기보다는 풍부한 감성을 가지고 활기가 넘치는 삶을 살 수 있는 인물로 키워야 한다. 그러기 위해서 엄마는 태아의 성장과 발달 단계를 충분히 이해하고, 건강한 모체 환경을 조성하여 태아의 몸과 마음의 기초를 확실하게 구축해주어야 한다.

갓난아기는 모유로
세상을 인지한다

태아는 생명기억의 전승자다

태아가 8주째에 이르면 이미 인간으로서의 기본적인 기관과 시스템을 갖추게 된다. 혈액은 폐나 간장에서 여과될 필요 없이 그대로 통과한다. 태아의 심장과 혈관은 태내에 있을 때만 단락로短絡路를 만든다. 성인이라면 틀림없이 질식할 낮은 농도의 산소 환경 속에서도 태아는 호흡할 수 있는 생명체이다.

생명체가 호흡을 하고 배설을 할 수 있게 되면, 다음에는 운동에 필요한 감각을 느끼게 된다. 다시 말해서, 행동을 조절 및 통제하는 신경계가 구축되어야 한다. 따라서 모든 기관 중에서 가장 눈부시게 발달하는 부분이 뇌와 신경계다.

신경은 수정 후 3주가 지나면 이미 그 모습이 드러난다. 8주째가 되면 뇌도 보이고 불완전하지만 뇌파도 포착할 수 있다. 뇌신경에서 뻗어 나온 신경섬유는 손과 발, 눈, 귀, 그리고 몸 전체로 퍼져나간다. 태아는 12주, 즉 4개월이 되면 몸을 회전시킬 수도 있다. 그리고 20주가 되어 신장 기능이 작동하면서부터 양수를 먹기 시작한다. 태아가 이렇게 입에 닿는 것을 무엇이든 빨아들이려는 행동을 흡철반사운동이라고 하는데, 이는 학습을 통해서 터득한 것이 아니다.

어류에서 영장류에 이르는 계통 진화 과정에서 구강은 미묘한 발달을 거듭하였고 그 결과가 유전자에 조합되었다. 따라서 뇌가 고도로 발달하면서 오랜 세월 동안 유전자에 새겨진 기억에 의해 태아는 입에 양수가 닿자 흡철반사운동을 하는 것이다.

또한 태아는 4억 5,000만 년 동안 척추동물로서 진화한 기억만을 전승하고 있는 것이 아니다. 좀 더 오래 전, 핵 안에 DNA나 RNA를 가지고 있는 생명체가 탄생한 이후 30억 년 동안 이어진 생명기억의 전승자이기도 하다. 그뿐 아니라 하나의 민족이 형성되기 시작한 약 1만 년 전의 기억도 가지고 있다. 우리가 체험을 한 적이 없음에도 물이나 숲과 같은 자연에 대해 아련한 향수를 느끼는 것은 오랜 역사를 통해 전승되어온 유전자의 기억이 태아를 통해 지금까지 이어지고 있기 때문이다.

그리고 태아가 태내에 있는 동안에는 태내 기억이 형성된다. 운동을 통제하는 뇌가 먼저 발달해 신체의 움직임을 감지하는 뇌를 발달시켜 환경을 느끼고, 그것이 다시 운동으로 연결되면서 태아의 뇌는 발달을 거듭하게 된다. 24주 정도가 되면 성인의 렘수면(꿈 꿀 때의 수면) 시 볼 수 있는 빠른 안구운동도 확인할 수 있다. 성인들의 관점에서, 렘수면은 꿈 꿀 때의 수면이므로 아무런 경험도 없는 태아는 꿈을 꾸지 않을 거라고 생각하지만, 분명히 꿈을 꾼다. 적어도 임신 후반기로 접어들면 태아도 꿈을 꿀 수 있는 뇌가 발달해 있다.

이미 설명했지만 태아는 여러 가지 유전자 기억을 가지고 있다. 갓 태어난 아기가 빙긋이 미소를 짓고 있는 모습을 흔히 볼 수 있는데, 이는 뱃속에서 266일 동안 꾸었던 꿈을 태어난 후에도 계속 꾸고 있는 것이다.

한편, 기억과 깊은 관련이 있는 부분도 일찌감치 형성된다. 나는 예전에 영장류 연구소에서 원숭이 태아의 뇌를 연구할 때 이 사실을 확인했다. 또한 뇌 신경세포와 신경세포의 연결 부위인 시냅스에 있는 신경전달물질의 양이 성인의 그것과 비교할 때 엄청나게 많다. 신경전달물질은 기억정보의 전달이나 신경조절에 깊이 관여하고 있다. 이것은 태아가 오랜 옛날의 기억을 가지고 있으면서도 자신이 존재하는 태내 환경에서 발생했던 일도 기억하는 능력을 가지고 있다는 의미다.

태아는 자궁벽 위를 네 발로 걷는 원시보행도 한다. 이것은 네 발로 걷던 원숭이 시절의 유전자 기억이 유발하는 행동으로 여겨진다. 또한 쾌감을 즐기는 듯, 뛰고 회전하고 하품을 하고 눈알을 굴리는 행동도 보인다. 어둠에 덮인 고독한 세계 안에서 떠다니며 접촉하고 마시고 따뜻한 원시감각을 느끼며 엄마의 마음과 목소리, 그리고 외부 세계로부터 들리는 소리에도 귀를 기울이고 있다. 태아는 이런 식의 운동을 하는 과정에서 유입되는 원시감각과 새로운 기억을, 완성을 앞둔 해마라는 부분에 새겨 넣는다.

뇌는 잠을 잘 때 불쾌한 체험을 지워버리는 활동을 한다. 장기간의 태내 생활을 통해서 태아는 다양한 체험을 한다. 좋은 체험뿐 아니라 불쾌한 체험도 한다. 불쾌한 체험을 제거해주는 것이 바로 렘수면이다. 태아의 잠은 대부분 이 렘수면에 해당한다. 렘수면의 이점은 대뇌피질을 준準각성 상태로 만들어, 뇌로 들어가는 외부의 입력을 줄이고 기억을 재편성하여 나쁜 기억을 제거

해준다는 데에 있다.

이처럼 태아는 여러 가지 기억을 멋지게 전승하는 역할을 수행하고 있다. 따라서 나쁜 기억을 잊어버리고 맑은 정신으로 태어난 아이에게 모유를 통한 엄마와의 접촉은 좋은 기억을 축적시켜줄 수 있는 바탕이 된다.

아기가 태내에서 하는 일

아기는 태내에서 무엇을 하며 시간을 보낼까. 여러분은 초음파진단장치를 통해서 태아의 여러 가지 행동을 본 적이 있을 것이다. 태아는 깡충깡충 뛰기도 하고 재주를 넘기도 한다. 눈알을 굴리고 손가락을 빨며 하품도 한다. 또한 양수를 마시기도 한다.

태아가 자궁 안의 양수를 마시면 그 물은 어디로 갈까. 일부는 폐 속으로 들어가는데, 태아에게는 그것도 호흡이다. 공기뿐 아니라 양수를 마시는 것도 호흡이라고 할 수 있다. 많을 때는 폐 속에 50cc나 되는 물이 들어 있다. 그 모습을 자세히 살펴보면 태아의 가슴 부분이 움직이고 있다는 사실을 확인할 수 있다.

태아는 폐 속으로 들어간 물을 움직임으로써 폐의 내부를 발달시킨다. 출산 시 폐 속의 물은 아기의 몸속으로 흡수되거나 입으로 토해냄으로써 사라진다. 정상적으로 출산된 아기는 물을 완전히 토해내어 폐를 비운다.

한편, 폐로 들어가지 않는 대부분의 양수는 장으로 들어간다. 태아의 십이지장에는 주름이 있고 그 끝 부분에 필터가 형성되어 있다. 그러나 태어나면 그것이 사라진다. 태아는 양수를 마시고 십이지장의 필터로 여과하여 보통 하루에 500cc 정도를 소변으로 배출한다.

태아의 감각 중에서 가장 발달한 것은 무엇일까? 태아는 망막이나 뇌 뒷부분의 시각과 관련 있는 부분이 아직 발달되어 있지 않다. 사실 엄마의 뱃속은 깜깜한 상태라서 볼 필요도 없다. 하지만 이 세상에 태어났을 때 사물을 볼 수 있는 준비과정은 태내에서 점차 진행되고 있다. 볼 것도 없고 볼 수도 없지만 시각은 조금씩 발달해가고 있다.

미각은 어떨까. 여러 가지 실험을 통해 태아도 맛을 안다는 데이터가 나오기는 했지만, 아직은 실험 단계라서 분명하지 않다. 혀에는 맛을 느끼는 미뢰라는 것이 있는데, 그 수가 아주 적다. 미뢰는 세상에 태어난 이후에 발달한다. 따라서 태아는 맛을 제대로 구별할 수 없을 것이다. 달콤한 맛이나 쓴 맛 같은 기본적인 맛은 구별할 수 있다고 생각되지만, 양수의 성질은 일정하므로 맛을 구별할 필요는 없다. 동물 실험에서 양수 안에 쓴 물질을 넣었더니 태아의 움직임이 매우 빨라졌다는 보고가 나온 적이 있지만, 아직 확실히 밝혀지진 않았다. 어쨌든 태아의 미각이 충분히 발달해 있지 않은 것만은 분명하다.

그렇다면 후각은 어떨까. 우리가 맡는 냄새는 공기 중의 냄새 물질 분자가 콧속으로 들어오고, 그것이 전기신호로 바뀌어 뇌를 통해 느낄 수 있는 것이다. 따라서 냄새는 이 세상에 태어난 이후에 알게 되는 것이 아닐까. 물고기에게는 냄새와 맛이 동일한 특성이기 때문이다.

다음은 청각이다. 임신 후반기가 되면 귀가 분명하게 형성되어 있어 청각과 관련된 부분이 거의 완성 단계에 이른다. 청각은 태아가 외부 환경을 감지할 수 있는 주요 감각이다. 태아에게 분명히 존재하는 감각은 청각이라고 할 수 있다. 태아는 외부에서 들려오는 소리를 감지할 수 있다. 그러므로 요란한 잡음이나 날카로운 소리는 태아에게 해가 될 수 있다.

2살까지는 우뇌의 시대다

지금까지 시각, 청각, 미각, 후각에 대해 설명했는데, 이번에는 촉각을 알아보자. 모든 생물의 표면은 막으로 덮여 있다. 인간의 경우는 피부가 이 막에 해당한다. 알몸으로 양수 안에 떠 있는 태아는 피부로 여러 가지 감각을 느낀다. 예를 들면, 양수가 따뜻하다는 것을 느낀다.

촉각은 사실 피부감각의 일부다. 그러므로 피부로 느끼는 감각은 촉각이라고 하기보다는 피부감각이라고 해야 보다 정확한 표현이다. 피부감각에는 촉각, 통각, 온각, 냉각도 있고 부유감각도 있다. 부유감각은 태아가 엄마의 뱃속에 떠 있으면서 갖는 느낌을 말한다. 생물의 막은 외부로부터 들어오는 감각을 내부로 전달해주고, 내부의 상황을 외부로 전달하는 중요한 역할을 한다. 따라서 여러 가지 감각 중에서 태아가 가장 먼저 갖게 되는 감각은 촉각이다.

촉각 다음에는 청각이 발달한다. 나머지 감각들은 이 세상에 태어난 이후에 형성되는데, 태아 시절에는 이런 감각들을 발달시킬 준비태세를 갖추고 있다고 할 수 있다. 태아에게 가장 중요한 감각은 촉각이지만, 태내에 있으므로 태교에 그것을 직접 이용할 방법은 없다. 하지만 곧 청각이 발달하므로 소리로 태아와 교신할 수 있다.

태아는 오감이 조금씩 발달해가는 과정에 있기 때문에 손가락을 빠는 행동을 하는데, 이런 감각에 이상이 생기면 뇌의 발달에 좋지 않은 영향을 미친다. 태아는 언어로는 기억하지 못해도 오감으로는 기억한다. 오감 중에서도 특히 원시감각, 촉각, 청각 등의 감각을 활용하여 뇌 안에 정보를 저장한다. 뱃속에 있을 때의 부유감각, 따뜻한 양수와의 접촉과 상냥하고 부드러운 엄마의 목소리 등을 분명하게 기억으로 저장해놓는다. 그러므로 임신을 하면 배를 쓰다듬어 주면서 태아에게 다정하게 말을 걸어 주는 것이 좋다.

사실 세상에 태어난 후에는 그런 기억들을 되살리기는 힘들다. 먼 과거의 기억으로서 뇌 안에 남아 있을 뿐이다. 하지만 사춘기를 지나 청년기, 장년기를 거치면서 혹시 태내에 있었을 때처럼 편안하고 안락한 상태를 경험하게 된다면 옛날의 기억이 어렴풋이 되살아날 수도 있다.

사회인들이 스트레스를 받아 지칠 때 태내로 돌아가고 싶다는 욕구가 생기는 것을 '태내회귀'라고 한다. 전두엽이 스트레스를 많이 받아 녹초가 되었을 때 도움을 받을 수 있는 장치가 미국 스탠포드 대학에서 개발한 트랭퀼러티 캡슐tranquility capsule이다. 길이 2미터, 폭 1미터, 높이 1미터인 이 캡슐은 인공적인 태내 환경 장치라고 할 수 있다. 캡슐 안은 미끈거리는 액체가 들어 있는 암흑의 세계다. 벌거벗고 안에 들어가면 마치 엄마의 태내에 있을 때처럼 자신의 심장 고동만을 느낄 수 있다. 그 소리

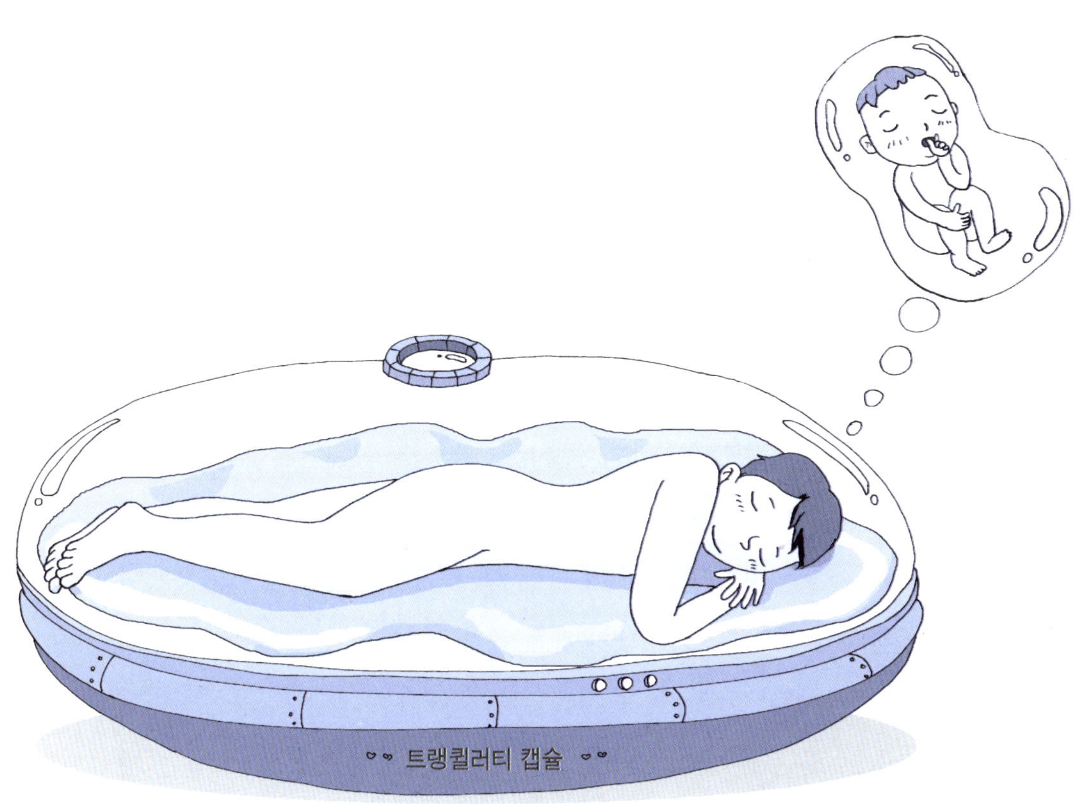

스탠포드 대학에서 개발한 트랭퀄러티 캡슐은 태내 환경을 재현해놓은 장치로 현대인들의 스트레스를 해소하기 위해 만든 것이다. 이곳에 40분 정도 들어가 있으면 엄마 뱃속에서 원시감각만을 느끼던 태아 시절로 돌아가 심신이 편안해진다.

는 마치 태내에서 들었던 엄마의 심장 고동과 유사하다. 몸이 공중에 둥둥 떠 있는 느낌, 즉 부유감각과 따뜻한 촉각을 느끼면서 40분 정도 있다 보면 초조감을 유발하는 뇌파인 β파가 α파로 바뀌어 기분이 상쾌해지고 활력을 되찾을 수 있다.

사실 현대사회에서는 남성뿐 아니라 여성도 적지 않은 스트레스를 받고 있다. 하지만 남성의 뇌가 여성의 뇌보다 약하기 때문에 남성이 스트레스를 더 많이 받고 있다. 스트레스를 해소하는 방법으로는 아로마테라피, 즉 향기요법도 있다. 이것은 냄새를 이용하여 마음을 안정시키는 방법으로, 좋은 향기가 나는 방에서 40~50분 정도 편안한 자세로 휴식을 취하면 된다. 냄새도 원시감각의 하나이므로, 냄새에 온몸을 맡기면 정신적으로 평온한 느낌을 가질 수 있다. 보디소닉body sonic은 소위 체감음향시스템이라고 하는데, 음악이나 소리의 진동을 직접 몸으로 느끼는 방법이다. 역시 원시감각인 피부감각을 통해 소리의 진동을 받아들이면 몸의 근육이 풀리면서 편안함을 느끼게 된다.

이렇듯 원시감각을 깨울 수 있는 장치가 있다면 뇌의 피로를 풀 수 있어 현대인들에게 매우 유용할 것이다. 인간은 고차원적인 정신활동을 하는 존재이지만, 이런 원시감각을 경시하면 뇌의 활동 능력이 약화된다.

앞에서도 밝혔지만, 태아가 양수를 먹는 행동은 입의 감각을 느낀다는 점에서 중요한 의미가 있다. 입의 감각은 촉각이고 후각이며 내장감각을 포함한다. 갓 태어난 아기도 입의 감각을 통해 엄마와 접촉하며 세상을 이해한다. 갓난아기는 세상에 태어나 가장 먼저 엄마를 알게 된다. 태내에 있을 때는 자신과 한몸이었지만, 세상에 나와서는 자신과 분리되어 있는 엄마의 존재를 이해한다. 이것은 젖을 통해 엄마와 접촉하면서 가능한 일이다. 또한 이러한 행동은 아기의 장래를 결정짓는 세상에 대한 인식과도 관련이 있다. 아기가 태어났을 때 인지하는 세계가 넓을수록 뇌는 건강하게 발달한다.

자신의 생명을 유지하기 위해 엄마의 젖을 빠는 행위가 갓난아기에게는 세상 그 자체다. 또한 아기는 입을 움직이는 동작을 통해 상대방의 크기와 거리를 이해한다. 젖을 빠는 행위는 엄마와의 거리를 이해하는 행위이기도 하다.

0~1살 때는 언어뇌가 발달해 있지 않아서 원시감각만으로 주변 환경을 인지하며, 이 시기에는 감각적인 분야를 담당하는 우뇌를 주로 사용한다. 언어뇌인 좌뇌가 발달하는 시기는 3살부터다. 태어나서부터 2살까지는 대개 입의 감각으로 세상을 이해한다.

엄마의 좋은 생활습관이 가장 훌륭한 태교다

태교는 벼락치기 공부가 아니다

울고 있는 갓난아이에게 엄마의 심장소리를 녹음한 테이프를 들려주면 곧 울음을 멈추고 잠이 든다는 이야기를 들어본 적이 있을 것이다. 생명을 품고 있는 모체를 상상해보면 신비스럽고 고요한 이미지가 떠오른다. 그러나 실제로 태내는 내장에서 음식물이 소화되는 소음과 동맥 속에서 흐르는 혈액의 소리 등으로 상당히 시끄럽다. 태아는 임신 4개월쯤 되면 어느 정도 귀가 발달해 있어 이런 내부의 잡음과 외부 세계의 소리를 구분할 수 있다. 신생아가 엄마의 심장 소리를 듣고 잠이 잘 드는 것은 태내에서 들었던 소리를 기억하고 있다는 증거다.

태교라고 하면 평소 익숙하지도 않은 클래식 콘서트나 미술관을 찾아다니는 것으로 생각하는 사람들이 적지 않다. 하지만 본래의 태교는 그렇게 벼락치기 공부하듯 교양을 억지로 입력하는 것이 아니다. 임신부의 몸과 마음을 평온하고 쾌적한 상태로 유지하는 것이 진정한 태교다. 좋아하는 음악을 듣거나 그림 감상하기, 교외로 나가 기분전환 하기, 가벼운 운동으로 숙면을 취하기 등의 활동이 바로 태교다.

태내는 단순히 태아의 신체만을 성장시키는 공간이 아니다. 태아가 오감으로 느끼는 것부터 주변 인물들의 존재를 느끼는 것에 이르기까지 엄마의 몸을 통하여 모든 것을 파악하는 곳이다. 따라서 아이가 세상으로 나오기까지 약 270일 동안 엄마의 일상생활 자체가 태교라고 할 수 있다.

그렇다면 어떤 생활이 태교에 바람직할까. 가장 기본적인 조건은 임신부가 맛있는 음식을 먹고 편안하게 숙면을 취하며, 매일 상쾌한 기분을 느끼고 남편을 비롯한 주변 사람들과 즐겁게 지내는 생활이다. 엄마가 이렇게 안정적인 생활을 영위하면 태

임신 중기에는 태아의 청각이 어느 정도 발달해 있어 자주 말을 걸어주는 것이 좋다. 이 시기의 태아는 기억 능력도 있어 청각을 비롯한 오감으로 받아들인 외부세계에 대한 인상을 머릿속에 저장해놓는다.

아가 생활하는 공간도 편안하고 건강한 환경이 된다.

태아가 자극을 느끼려면 자극을 수용하는 감각이 필요한데, 감각이 형성되는 시기는 임신 4개월 정도가 지나서부터다. 이때부터 태아는 신선한 자극을 느끼게 된다. 수정란이 자궁에 착상하면 3개월까지는 태반을 통해서 영양을 섭취한다. 이 시기에 태아의 신체적 기초가 만들어지므로 임신부는 특히 해로운 음식이나 약을 먹지 않도록 유의해야 한다.

태내 경험은 평생을 지탱하는 기초체험이다

태교라고 하는 외부의 작용을 태아가 느끼기 시작하는 때는 임신 중기에 접어들면서부터다. 오감 중에서 가장 먼저 발달하는 것은 피부감각이다. 피부감각은 임신 초기부터 나타나기 시작하여 3개월이면 성인과 거의 비슷한 상태에 이르는데, 1분에 한 번씩 자동으로 수축을 되풀이하는 자궁의 활동이 피부를 자극하여 감각의 발달을 촉진한다. 이런 적절한 자극은 감각을 통합하는 뇌의 발달에도 도움이 된다.

자궁의 수축은 스트레스나 급격한 온도차로 그 리듬이 흐트러지는 경우가 있으므로 임신부는 정신적인 스트레스를 피하고 체온조절에 유의함으로써 항상 태아에게 안정된 환경을 확보해주어야 한다. 또한 태아는 실제로 냄새를 맡을 수는 없지만, 냄새로 유발된 엄마의 호르몬 변화를 느끼면서 뇌의 후각을 담당하는 부분을 발달시킨다. 동시에 미각 발달을 위한 기초도 마련하기 시작한다. 모체의 이런 호르몬 변화에 따라 낮과 밤이라는 시간적 변화도 태아에게 전달된다. 엄마는 규칙적인 생활로 태아에게 하루의 리듬을 정확하게 인식시켜주어야 한다. 그렇게 하지 않으면 태아의 생체시계가 혼란을 일으킨다.

태아기에 가장 현저하게 발달하는 청각은 5개월째에 완성된다. 이 시절부터 태아는 외부 세계에 귀를 기울이기 시작한다. 이 시기부터는 기억 능력도 있으므로 음악을 들려주거나 대화를 나누는 일도 필요하다. 특히 아버지나 엄마가 자주 대화를 나누고 배를 가볍게 두드리는 등의 자극을 해주면 발차기 등의 태동 반응을 보인다.

태아와의 이런 커뮤니케이션은 엄마와 태아가 심리적으로 연결되는 바탕이 된다. 갓 태어난 아기는 엄마의 심장소리를 들려주면 쉽게 잠이 들지만, 시간이 좀 지나면 태내의 기억을 잃어버린다. 하지만 태내에서 감각적으로 받아들였던 외부 세계에 대한 인상은 잠재의식의 저변에 깔려 있어 아이의 평생을 지탱하는 기초체험이 된다.

15

임신 시기별
효과적인 태교법

임신 초기 — 안정된 마음을 유지한다

임신 초기에 태아는 귀의 기능이 충분히 발달되어 있지 않기 때문에 소리를 알아들을 수 없다. 그러나 태아에게 안정감을 주기 위해서 좋아하는 음악이나 좋은 음악을 부부가 함께 듣는 것은 효과가 있다. 단, 이 시기는 유산의 위험성이 높아서 너무 큰 소리나 소음은 태아의 뇌세포 성장에 방해가 되므로 유의해야 한다. 귀청이 떨어질 듯한 요란한 소리는 역효과를 낼 뿐이다.

임신부가 정신적인 안정을 유지하면서 예쁜 아기를 고대하는 분위기나 환경을 조성하는 것이야말로 태교의 기초다. 남편도 깊은 애정을 갖고 부인과 함께 '아이를 낳아서 잘 키우겠다' 는 진실한 마음가짐이 필요하다.

임신 중기―자주 말을 걸고 좋은 음악을 들려준다

임신 4~7개월에는 태아의 뇌에 소리를 기억하는 부분인 해마가 형성된다. 이 해마 덕분에 엄마의 목소리를 기억할 수 있다. 실제로 갓 태어난 아기에게 엄마를 포함한 몇 명의 여성들이 각기 다른 방향에서 목소리를 내면서 다가가는 실험을 했더니, 아기가 엄마 쪽을 향한다는 사실이 확인되었다. 아기가 태내에 있었던 시기에 엄마의 목소리를 기억해두었다는 증거다.

뱃속에 있을 때 엄마의 상냥하고 부드러운 목소리를 들으면서 자란 태아는 태어났을 때 엄마의 목소리를 들을 때마다 편안함을 느낀다. 물론, 이 시기에 아버지가 태아에게 자주 말을 걸어주면 당연히 아버지의 목소리도 기억한다. 태아가 태내에 있을 때 목소리를 기억하는 것은 태어난 후의 교육에도 큰 도움이 된

갓난아기는 태내에서 들었던 엄마의 목소리를 기억하고 있다. 갓난아기를 가운데 두고 엄마를 포함한 몇 명의 여성들이 각기 다른 방향에서 소리를 내는 실험을 해보면 아기는 엄마 쪽으로 향한다.

다. 따라서 애정 어린 목소리로 태아에게 자주 말을 걸어줄 필요
가 있다.

남편이 멀리 떨어져 있는 경우에는 남편의 전화 목소리나 녹
음된 목소리를 태아에게 들려주어도 좋다. 이것은 태아에게 아
버지의 목소리를 기억시키기 위한 것뿐만 아니라 엄마의 막연한
불안감을 해소시켜준다는 측면에서도 큰 효과가 있다. 이 시기
의 태아는 다른 소리에도 민감하므로 엄마는 자신의 배에 신경
을 집중하고 태아가 어떤 소리나 음악에 어떻게 반응하는지 자
세히 관찰해야 한다. 그 관찰 내용을 육아 일기에 기록해두면 그
후의 태교나 육아에 큰 도움이 된다.

사실 태아가 하루 종일 듣고 있는 소리는 바로 엄마의 심장소
리다. 엄마가 깜짝 놀라면 태아도 놀란다. 따라서 엄마는 스트레
스를 받지 않고 항상 안정된 마음으로 생활해야 한다.

태아는 양수 안을 떠다니며 성장한다. 부부는 태아가 생활하
는 뱃속의 상황을 상상하면서 물을 주제로 한 음악을 듣는 것도
좋다. 조용하고 잔잔한 물의 이미지를 떠올릴 수 있는 음악은 태
아에게 부드러운 자극과 안도감을 준다. 상냥한 목소리를 듣고
적절한 자극을 받는 태아는 성장 속도가 아주 빠르다.

임신 후기─삼림욕을 하며 자연의 소리를 듣는다

8개월이 지난 태아는 다양한 소리에 대해 각기 다른 반응을 보인다. 소리에 대해 좋다거나 싫다는 의사를 확실하게 표현할 수 있다. 그렇다 하더라도 태아는 모든 소리에 대해 아무런 저항을 하지 못하고 그대로 받아들일 수밖에 없다. 따라서 엄마는 태아의 성장을 방해하는 소음을 피하고, 격한 감정이 실린 목소리는 삼가는 것이 바람직하다.

태아의 반응을 직접 느낄 수 있는 사람은 엄마밖에 없다. 따라서 엄마는 태아의 움직임을 의식하면서 마음을 편안히 하고 기분 좋은 음악을 들어야 한다. 일반적으로 태아가 좋아하는 소리는 엄마의 부드러운 목소리, 낮은 울림이 있는 심장의 고동, 새가 지저귀는 소리, 숲 속의 바람 소리, 그리고 조용하고 잔잔한 음악 등이다.

엄마의 목소리라고 해도 누군가와 다투는 날카로운 목소리나 오토바이 엔진소리, 자동차의 브레이크 소리, 자명종의 벨소리 등은 좋아하지 않는다. 이처럼 성인의 귀에도 거슬리는 소리는 태아의 발달에도 좋지 않은 영향을 미친다.

원숭이를 대상으로 한 실험에서도 어미 뱃속에 있을 때 소음을 지속적으로 들려준 원숭이는 태어난 이후에도 정서가 불안한 성향을 보였다. 따라서 항상 태아에게 안도감이 느껴지는 소리를 들려주고 주말에는 부부가 자연의 소리를 들으며 삼림욕을 하거나 산책을 하는 것이 훌륭한 태교라고 할 수 있다.

소리를 통한 이런 효과는 뇌파와 깊은 관계가 있다. 인간의 뇌는 끊임없이 뇌파를 발생시키는데 깨어 있을 때는 보통 α파와 β파가 나온다. 몸과 마음이 안정된 상태일 때 뇌에서는 α파가 나오고, 긴장 상태에 있을 때는 β파가 나온다. 엄마는 태아의 뇌에서 α파가 많이 생성되도록 분위기를 조성해야 한다. α파가 나올 때의 뇌는 여러 호르몬을 분비하면서 성장하는데, 기분 좋은 음악을 들려주면 태아의 뇌에서 α파가 배출된다. 태아의 뇌에서 α파를 생성시키는 소리는 부드러우면서 리듬의 변화가 있는 자연의 소리나 엄마의 차분한 목소리다.

음악을 예로 든다면, 록보다는 잔잔한 클래식이나 동요, 자장가가 좋다. 물론, 클래식을 싫어하는 엄마가 억지로 클래식을 듣는다면 오히려 스트레스가 되기 때문에 효과가 없다. 따라서 무조건 남들이 태교에 좋다는 음악을 듣기보다는 엄마와 태아가 함께 편하게 즐길 수 있는 음악을 듣는 것이 바람직하다. 부부가 태아를 생각하며 아름다운 소리를 듣다 보면 서로에 대한 신뢰감과 사랑이 깊어지고 태아의 성장도 촉진된다. 그리고 태교는 엄마 혼자 하는 것보다 부부가 함께 하면 더욱 효과적이다.

16

학습과 기억의 뇌는
태아기에 형성된다

엄마와의 신체 접촉이 두뇌 발달에 필수다

TV에서든 동물원에서든 고릴라가 먼 곳을 응시하고 있는 모습을 본 적이 있을 것이다. 고릴라는 무엇을 보고 있는 것일까. 고릴라의 눈길은 무언가를 회고하는 것처럼 보인다. 태어나서부터 지금까지 자신의 삶과 어미 뱃속에 있었던 시절의 기억, 그리고 그보다 훨씬 먼 과거인 30억 년 전에 생명이 탄생했던 시기의 기억을 더듬고 있는지도 모른다.

　고릴라의 회상 중에는 2,400만 년 전의 시절도 포함되어 있을지 모르겠다. 2,400만 년 전 지상에는 무성한 숲이 우거져 있어 그야말로 낙원이었다. 손을 뻗으면 마음대로 과일을 따서 배부르게 먹을 수 있었다. 발정기에는 암컷과 수컷이 교미를 했고 새끼가 태어나면 어미가 혼자서 키웠다. 숲이 무성하던 낙원의 시대에 고릴라들은 신장이 90센티미터밖에 되지 않았지만 풍족하게 살 수 있었다. 시간이 흘러 1,400만 년 전에는 숲이 점차 줄어들면서 낙원의 시대가 막을 내렸다. 숲이 줄어들면서 적응력이 뛰어난 오늘날의 원숭이 조상들은 전 세계로 흩어졌다. 어떤 원숭이는 일본으로 가서 일본원숭이가 되었고 인도로 간 원숭이는 붉은털원숭이가, 대만으로 간 원숭이는 대만원숭이가 되었다. 그러나 유인원은 적응력이 약했기 때문에 그대로 아프리카에 머물렀고 그 수도 점차 줄어들었다.

　생물계에서는 종의 수가 줄어들면 종족보존이라는 본능이 작용한다. '한 마리밖에 태어나지 않는 새끼를 어떻게 해야 잘 키울 수 있을까', '어떻게 학습을 시켜야 건강하게 자랄 수 있을까' 등의 문제를 놓고 유인원은 몇 백만 년에 걸쳐 고민을 거듭했을 것이다. 그리하여 마침내 그들은 이 세상에 태어난 소중한 새끼를 가슴에 끌어안는 방식을 채택하기 시작했다. 어미가 새끼를 앞으로 끌어안으면 얼굴을 마주볼 수 있고 새끼의 표정도 읽을 수 있다. 또한 젖을 물리면서 새끼의 행동도 관찰할 수 있다. 게다가 한 손으로 끌어안으면 나머지 손으로 식물을 채취하거나 곤충을 잡아서 새끼에게 줄 수 있다. 새끼에게 학습을 시키기도 용이하고 적이 다가오면 돌을 집어던져 물리칠 수도 있다.

어미는 새끼가 태어나자마자 가슴에 안아 젖을 물린다. 새끼가 잠시 놀다 오면 반갑게 맞이하며 또 다시 가슴에 끌어안는다. 어미와 새끼 간의 이런 긴밀한 관계는 새끼의 발달에 매우 중요하다. 어미 침팬지가 사고를 당해 목숨을 잃으면 새끼는 아무리 맛있는 먹이가 있어도 먹으려 하지 않는다. 그래서 나중에는 영양실조에 걸리고 1주일에서 열흘 사이에 목숨을 잃고 만다. 일종의 자살 행위다. 뇌가 발달해 있는 종족 사회에서 새끼와 어미와의 신체적 접촉은 그만큼 중요한 의미를 가지고 있다.

일본의 나라 현에 소재한 아키시노데라 절의 기예천의 눈길도 역시 먼 곳을 응시하는 자세를 취하고 있다. 나는 이런 눈길을 좋아한다. 그 눈길에는 기예천을 만들었던 시대의 민중의 염원과 혼이 깃들어 있다고 생각되기 때문이다. 기예천의 눈길도 먼 미래를 바라봄과 동시에 생명이 탄생하던 아득한 과거를 회고하는 것처럼 보인다.

임신부의 환경이 곧 태아의 환경이다

태아의 입장에서 보면 뱃속의 환경은 정말 편안하고 기분 좋은 환경이다. 알몸 상태에서 피부로 느끼는 태내 환경은 원시감각의 세계라고 할 수 있다. 피부감각, 부유감각, 청각이 원시감각에 해당한다. 모든 것을 원시감각으로 받아들이는 훌륭한 환경에서 자란 태아는 그 아름다운 기억을 절대 잊지 않는다.

그렇기 때문에 성인이 되었을 때 전두엽에 스트레스를 받거나 생활에 지치면 이런 환경으로 되돌아가고 싶은 욕구가 생긴다. 현대인들에게는 태내 환경과 유사하게 만들어놓은 트랭퀼러티 캡슐 같은 기기가 꼭 필요할지도 모른다.

태아는 하루에 약 500cc의 양수를 먹는다. 하지만 양수는 모유처럼 태아에게 영양을 공급해주지는 않는다. 다만 장래에 음식을 씹기 위한 기초를 다지는 데 도움이 된다. 태아의 뱃속으로 들어간 양수는 소변으로 배출된다.

입은 원시감각의 보물창고라고 하는데, 갓난아기는 엄마의 젖을 빨 때 입술뿐 아니라 혀도 사용한다. 그런 움직임으로 안면 전체의 운동이 유발된다. 입은 어류 시대의 아가미가 변화한 것이고, 혀는 체절계가 분화한 것으로 팔다리와 마찬가지라 할 수 있으므로 혀는 입에 생겨난 팔이라고 할 수 있다.

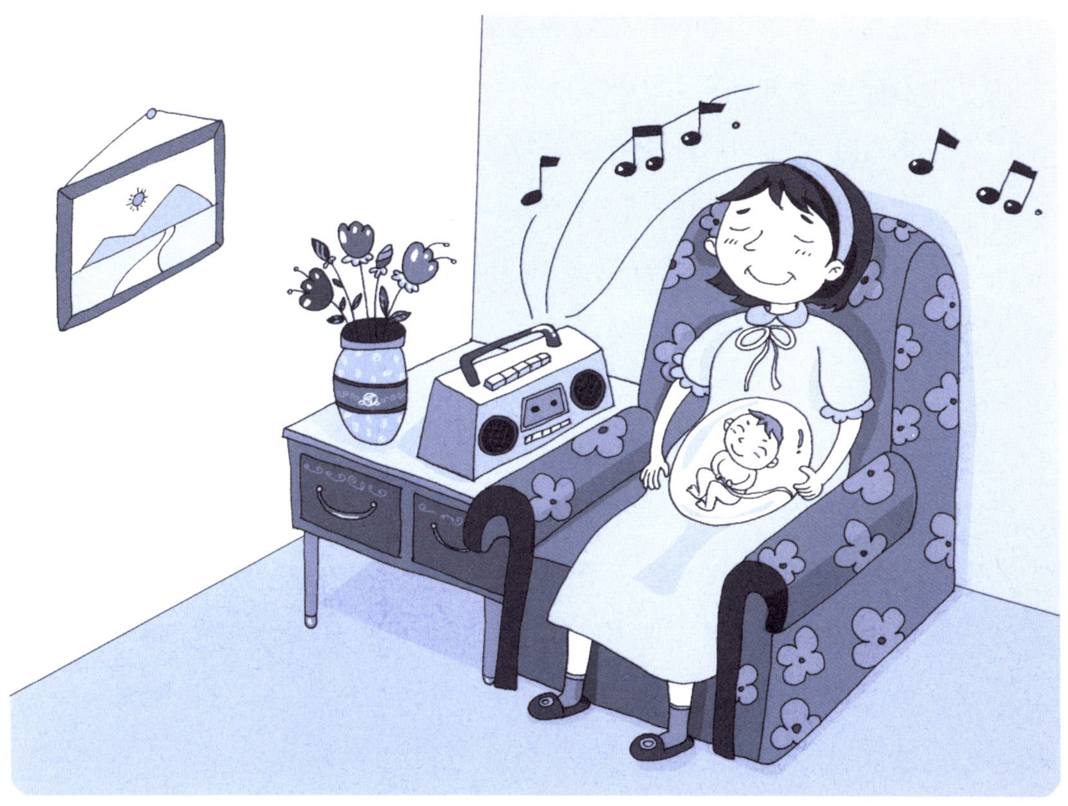

가장 훌륭한 태교는 엄마가 심신을 편안하게 하는 것이다. 태아는 소리
에 민감하기 때문에 잔잔하고 편안한 음악을 들으면 부드러운 자극이
된다. 태아가 좋아하는 소리로는 엄마의 부드러운 목소리, 낮은 울림이
있는 심장의 고동, 새가 지저귀는 소리, 숲 속의 바람 소리, 그리고 조용
한 음악 등이 있다.

입과 혀를 사용하여 엄마의 젖을 빨던 아이는 치아가 자랄 즈음에 저작 능력(음식물을 씹는 능력)을 갖게 된다. 저작 능력은 선천적인 것이 아니라 학습을 통해 갖추는 것이다. 어릴 때부터 음식을 꼭꼭 씹어 먹는 습관을 들여야 치열이 고르고 표정이 흐트러지지 않는다. 음식을 잘 씹어 먹는 습관은 성인이 되어서도 건강을 유지하는 기초가 된다.

요즘 아이들은 음식을 잘 씹어 먹으라고 하면 앞니로 씹는 경우가 많다. 음식을 씹을 때는 어금니를 사용해야 한다. 어금니로 음식을 씹어야만 신체가 균형 있게 발달할 수 있다. 음식을 잘 씹어 먹는 사람에게는 두통, 어깨 결림, 요통 등이 발생할 확률이 낮다는 사실이 일본저작학회에 의해 발표된 적이 있다. 하지만 현대 문명사회에서는 많은 사람들이 부드러운 음식만을 원하고 저작의 중요성을 망각하고 있다.

학습이나 기억과 관련 있는 뇌의 해마 부분은 태아기에 형성된다. 뇌의 기억 작용은 해마와 전두엽의 교류에 의해 가능한 것이다. 인간은 원시감각 등의 기억을 언어로 번역하여 영원히 기억하는 능력도 갖추고 있는데, 여기에서 중요한 역할을 하는 것이 바로 전두엽이다.

태교는 결코 새롭거나 특별한 교육이 아니다. 임신부의 환경이 곧 태아의 환경과 같다고 생각하면 된다. 그러므로 임신부는 태아와 일심동체라는 사실을 잊지 않고 늘 안정되고 편안한 생활을 할 수 있도록 노력해야 한다. 몸에 좋지 않은 음식은 피하고 태양계의 리듬에 맞추어 자연과 동화하는 생활을 하기 위해 의식적으로 신경을 써야 한다. 임신부가 좋은 음악과 아름다운 풍경을 감상하는 등 감성을 풍부하게 하면 태아의 뇌에 좋은 영향을 미친다.

몸에 좋지 않은 음식을 섭취하면 태아에게도 심각한 결과를 초래할 수 있다. 극단적인 예이지만, 미나마타병에 걸리면 유기 수은이 탯줄을 통하여 태아의 신경세포와 뇌를 공격할 수도 있다. 미나마타병은 1953년경부터 30여년에 걸쳐 구마모토현 미나마타 만 해변 부락에서 발생한 중독성 질환으로, 오염된 어패류를 먹었던 사람들이 수족 마비, 언어 및 운동 장애, 시각과 청각 상실 등의 증상을 보였던 무서운 병이다. 또한 임신부는 술과 마약을 당연히 금기시해야 한다. 태교는 결코 어떤 까다로운 과정이 아니라 건강하게 사는 생활 자체임을 기억해두어야 할 것이다.

태아의 신호에
호응하는 분만을 하자

태아가 보내는 신호에 귀를 기울여야 한다

태아가 세상으로 나오는 과정은 위대한 역사적 사건이라 해도 과언이 아니다. 인간이든 원숭이든 임신부의 진통은 한밤중에 시작되는 경우가 많다. 원숭이는 5분에서 1시간 정도에 걸쳐 비교적 수월하게 새끼를 낳는다. 하지만 인간은 두 발로 서서 생활해온 탓에 산도産道가 앞으로 구부러져 있어 8~12시간, 심한 경우에는 24시간의 진통을 겪는다. 태아는 산도를 내려올 때는 몸을 쉽게 구부리지 못하기 때문에 마치 누에가 꿈틀거리듯 회전을 하면서 나온다. 그래서 분만 시간이 오래 걸린다. 또한 머리가 크다는 점도 분만 시간이 늦어지는 이유다.

분만은 자궁의 입구인 경관이 부드러워지면서 시작된다. 임신 중에 닫혀 있던 자궁경관이 부드러워지는 현상이 발생하면 분만 과정이 시작되는 것이다. 이곳이 부드러워지면 그 징후가 엄마의 뇌하수체로 전달되고 뇌하수체는 자궁을 수축시키는 호르몬 배출을 촉진한다.

자궁경관을 부드럽게 만드는 것은 태아가 만드는 호르몬이다. 태아의 부신에서 만들어지는 호르몬은 태반을 통하여 엄마의 혈액 안으로 들어갔다가 소변에 섞여 배출되는데, 태아는 이 호르몬으로 자궁경관을 부드럽게 만듦으로써 나가겠다는 신호를 보낸다. 이것이 분만의 시작이다. 따라서 태아의 상태가 나쁠 때는 호르몬을 배출하는 양이 제한되고 자궁경관이 부드러워지지 않아 분만이 지연된다.

예를 들면, 태아의 심장이 기형이거나 부신의 기능이 비정상적인 경우에는 시간이 흘러도 진통이 오지 않아 어쩔 수 없이 링거를 이용해 진통촉진제를 맞아야 한다. 자궁경관이 부드러워지면서 태아가 나오려고 할 때는 흔히 말하는 '이슬'이 비치는데 혈액이 약간 섞이는 경우도 있다. 이것이 태아가 세상으로 나오겠다는 신호이다.

태아는 태내에 있을 때 계속해서 신호를 보내지만 정작 엄마는 그것을 알아채지 못하는 경우가 많다. 가장 큰 이유는 엄마가 임신과 출산에 관한 여러 가지 변화를 잘 이해하지 못하고 있기 때문이다. 첫 신호는 월경이 멈추는 것이고 그 다음은 입덧이다. 입덧은 임신을 했다는 가장 큰 신호다. 5개월 정도가 지나면 태아가 배를 차는 태동을 보이기 시작한다.

그 후로는 이슬이 비칠 때까지 특별한 신호는 없다. 가장 비극적인 신호는 유산을 할 때 나타난다. 유산의 80% 정도는 임신 초기부터 3개월 사이에 발생하는데, 이때 태아는 출혈로써 엄마에게 신호를 보낸다.

여성들이 가장 경계해야 할 점은 자신이 임신했다는 사실을 모르고 음주와 흡연을 하는 등 몸 관리를 제대로 하지 않는 것이다. 어떤 여성들의 경우는 임신을 했는데도 다음 달 월경 때 출혈을 하는데, 이는 수정란이 자궁벽에 착상할 때 발생하는 출혈이다. 임신 여성 5명 중 1명 정도가 이런 증세를 보이며, 당사자는 이를 월경이라고 생각하고 함부로 행동하기도 한다. 이런 방심은 무서운 결과로 이어지기도 한다.

그런 위험을 방지하려면 평소에 기초체온을 측정할 필요가 있다. 생리 시작 직전부터 배란이 일어날 때까지는 저온기이고 배란이 되면 난소에서 나오는 황체호르몬 등의 영향으로 고온기가 된다. 임신을 하면 체온이 올라가므로 착상 출혈이 있다고 해도 몸가짐에 유의할 수 있을 것이다.

누워서 하는 분만은 바람직하지 않다

1살 된 아기의 뇌 무게는 800그램 정도로 아직 미숙한 상태다. 일반적으로 태아는 뱃속에 있을 때를 가리키는 말이지만, 뇌의 발달 면에서 보면 태어나기 전까지의 시기는 '자궁 안의 태아' 태어난 후 얼마 지나지 않은 시기는 '자궁 밖의 태아'라고 부를 수 있다. 양쪽 모두 태아라고 표현할 수 있을 정도로 뇌가 충분히 발달해 있지 않기 때문이다. 분만은 자궁 안의 태아가 자궁 밖의 태아로 거듭나는 과정이라고 할 수 있다.

그러므로 분만은 자연의 순리를 따르는 것이 가장 바람직하다. 분만 방법 중에는 쭈그려 앉은 자세로 분만을 하는 방법이 있다. 또한 일본 호쿠리쿠 지방에서는 소위 '생명줄'을 움켜쥐고 힘을 쓰는 분만법도 있다. 옛날에는 일어섰다 앉았다 하는 동작을 반복하면서 분만을 하기도 했다. 나는 도쿄의 한 병원에 근무할 때 남편이 부인의 몸을 뒤에서 끌어안고 부인의 분만을 돕는 모습을 본 적이 있다. 부인은 남편이 등 뒤에서 자신의 몸을 감싸고 있다는 사실만으로도 안도감을 느낀다. 그리고 분만이 끝나면 즉시 갓난아기를 엄마의 가슴 위에 올려놓고 모유를 먹인다. 그 후 엄마가 다시 한 번 일어서면 중력의 법칙에 의해 태반이 미끄러지듯 빠져나온다.

요즘은 병원에서 산모가 반듯하게 누워 있는 상태에서 분만을 하는데, 이는 의사들이 자신들의 관점에서 분만 과정을 관찰하기 쉽도록 만든 관행이다. 그런 부자연스런 자세로 힘을 쓰면 당연히 산모와 태아에게 무리가 갈 수밖에 없다. 누워 있으면 커다란 자궁이 배를 누르게 되고 대정맥과 대동맥에 압박이 가해져 태아에게 제공되는 혈액의 양이 줄어든다. 태아의 심박수도 불안정해진다. 의사들은 그런 사실을 알면서도 오랜 세월 동안 바람직하지 않은 분만 관행을 버리지 못하고 있다.

누운 상태와 앉은 상태 중 어느 쪽의 진통이 더 효과적일까. 당연히 앉은 쪽이다. 산모가 앉아 있으면 태아의 심박수도 안정을 잃지 않는다. 최근에는 자유출산이라고 해서 산모가 좋아하는 자세로 분만을 하는 곳도 있는데 매우 바람직한 현상이다.

분만 시 또 한 가지 중요한 일은 탯줄을 제거하기 전, 태반이 나오기 전 단계에서 갓난아기에게 젖을 물려 엄마와 신체적 접촉을 시켜주는 것이다. 갓난아기는 가장 먼저 엄마와 피부를 접촉해야 편안한 기분을 느낀다.

또한 분만실은 약간 어두운 편이 좋다. 분만 직전까지 태아가 생활했던 엄마의 자궁 내부는 매우 어두웠다. 그런데 분만실에 조명이 환하면 아기는 이맛살을 잔뜩 찌푸리고 눈을 질끈 감은 상태로 나온다. 분만실은 아기가 태어나서 어슴푸레한 느낌을 가질 수 있는 분위기가 바람직하다.

갓난아기는 태아기에 생명의 물인 양수 안에서 몸을 구부리고 있었기 때문에 그 자세를 가장 편하게 생각한다. 어른도 그런 자세를 취하면 편안해지는 느낌이 든다. 우리가 옆으로 누워 잘 때 몸을 구부리는 경우가 많은데, 이는 어른이 되어서도 태아 시절의 편안한 자세를 기억하고 있다는 증거다. 또한 물속에 있을 때 아늑하다고 느끼는 이유도 양수 안에 떠 있었던 시절이 기억에 남아 있기 때문이다. 우리는 인식하지 못하지만 머릿속에 그런 기억은 평생 남아 있다.

지구는 46억 년 전에 탄생했고 생명체는 지구상의 어떤 끈끈한 물질에서 탄생하였다. 지금도 마찬가지다. 생식세포인 난자와 정자는 끈끈한 물질이다. 그런데 이 끈끈한 감각이 우리의 몸 안에 유전자기억이나 생명기억이라는 형식으로 남아 있다. 아이들은 진흙 놀이를 할 때 시간 가는 줄 모르고 열중한다. 생명감각, 생명기억이라는 것이 뇌에 남아 있어 그런 감각에 어렴풋한 향수를 느끼는 것이다. 바닷물에는 미끈하고 끈끈한 느낌이 있다. 여름에 사람들이 해수욕장을 찾는 이유도 생명기억이 그런 끈끈한 감각에 대한 향수를 불러일으키기 때문이다.

태아는 자신이 태어날 날을 스스로 결정한다

마지막으로 또 한 가지 덧붙이고 싶은 사실은, 최근 연구에 의해 밝혀진 내용으로 태아는 자신이 태어날 날을 스스로 결정한다는 사실이다. 인간의 뇌 한가운데에는 뇌하수체가 있고, 그 맨 위에 신경이 가득 채워져 있는 1평방 센티미터 정도의 시상하부가 있다. 그곳의 뇌실 바로 옆에 있는 실방핵이 신호를 뇌하수체로 보내면 뇌하수체에서 나온 호르몬이 부신으로 가고, 부신에서는 그 신호를 받아 자궁 입구를 부드럽게 해주는 호르몬을 배출한다는 사실이 밝혀졌다. 자궁 입구가 부드러워지는 것이 출산의 시작인데, 그 작용을 하는 호르몬이 태아의 부신에서 만들어진다는 사실이 드러난 것이다. 그러므로 태아는 자신이 태어날 날을 스스로 결정한다는 점을 이해하고 태아의 뜻을 존중해 주어야 한다.

태아는 자신이 세상에 태어날 날을 알고 있다. 태아는 호르몬으로 신호를 보내 자신이 태어날 시기를 알려주므로 엄마는 태아의 의사를 존중해 자연출산을 하는 것이 바람직하다.

태아에게도 매우 소박하지만 분명히 마음이 존재한다. 그것은 동물적인 마음, 즉 '정동'이라는 단순한 마음으로 충족되지 않으면 불쾌감을 느끼고 불안해하며 결국에는 화를 낸다. 갓 태어난 아기의 마음도 마찬가지다. 배가 고플 때나 대소변을 보면 불쾌하기 때문에 보채기 시작한다. 그리고 그 상태로 내버려두면 화가 나서 울음을 터뜨린다. 갓난아기는 자신이 세상에 나오길 원하는 때에 태어나지 않으면 불안해한다. 따라서 태아가 신호를 보낼 때 출산하는 것이 바람직하다.

최근에는 갓 태어난 아기에게 애정을 느끼지 못하는 엄마가 늘고 있다. 이를 '자궁 외 모자 분리'라고 하는데, 엄마가 원하지 않는 출산을 하는 경우를 말한다. '아직은 아이를 갖고 싶지 않다', '아이가 필요 없다'라는 마음을 가진 상태에서는 임신 중에 태아와 일심동체가 될 수 없다. 이런 엄마는 아이가 태어나도 깊은 애정을 쏟지 못하며, 엄마의 사랑을 받지 못한 아이는 자폐증이나 정서장애를 겪을 수 있다.

원숭이를 대상으로 한 실험에서도 어미의 애정을 받지 못한 새끼 원숭이는 정서장애에 걸리기 쉽다는 결과가 나왔다. 이는 태내에서 엄마와 아이가 서로 일심동체로 연결되지 못했던 '자궁 안 모자분리'가 출산 후 '자궁 외 모자분리'로 지속되는 불행한 예이다. 정신과의사 토머스 버니 박사는 흥미 있는 사례를 소개했다. 생후 얼마 되지 않은 아기가 엄마의 젖을 먹지 않는다는 이상한 이야기다.

갓 태어난 아기는 매우 건강했고 모든 면에서 정상이었다. 엄마의 젖도 충분했다. 하지만 아기는 젖병의 우유만 먹었다. 그러던 어느 날 다른 여성의 젖을 물려주자 아이는 정신없이 젖을 빨았다. 박사는 엄마와의 면담 결과, 엄마가 임신을 원하지 않고 중절을 원했는데 남편이 원해서 어쩔 수 없이 출산을 하게 되었다는 사실을 알게 되었다. 아이는 태아기에 자신을 거부한 엄마의 심리를 직감으로 느꼈고 세상에 태어난 후에도 엄마를 거부했던 것이다.

이처럼 엄마가 원하지 않았던 아이와 절실히 원했던 아이는 태아기부터 그 차이가 크다. 따라서 피임에 실패해서 어쩔 수 없이 임신했다 하더라도 하루 빨리 마음을 고쳐먹고 아기의 탄생을 진심으로 고대하는 마음을 가져야 한다.

입은 두뇌 발달에 가장 중요한 기관입니다. 특히 식습관은 아이의 신체뿐 아니라 두뇌를 활성화시키는 데도 큰 영향을 미칩니다. 편식을 하거나 혼자 식사하는 것은 한창 발달하고 있는 아이의 두뇌에 매우 좋지 않습니다. 엄마가 음식을 손수 만들어서 가족과 함께 대화를 나누며 하는 식사가 두뇌를 건강하게 만듭니다.

제5장 식생활과 대화

함께 식사하고 대화를 많이 나눠라

18. 지식보다 정서가 더 중요하다

19. 자연과 사람과의 접촉을 늘려주어라

20. 입은 마음을 다스리는 가장 중요한 기관이다

21. 문명이 로봇 인간을 만들어낸다

22. 두뇌의 에너지원은 음식이다

18

지식보다 정서가
더 중요하다

정서교육이 살아 있는 언어다

인간의 뇌는 9살 전후에 행동과 관련된 프로그래밍 센터인 소프트웨어, 즉 전두연합야의 기본적인 신경배선이 형성되면서 비로소 성숙하고 현명한 인간으로 성장한다는 사실을 다시 한 번 상기하기 바란다. 교육의 중요성은 바로 여기에 있다. 지능과 함께 정서를 함양시키는 것이 참된 교육이다. 정해진 코스를 밟게 하는 것은 올바른 교육이라고 할 수 없다. 무한한 가능성과 끝없는 호기심을 가진 아이에게 틀에 박힌 엘리트코스를 걷게 하는 것은 아이의 잠재능력을 억누르는 일이다.

현대인들은 3차원 세계에 살면서도 점차 2차원 세계로 빠져들고 있다. 텔레비전, 컴퓨터, 비디오 따위의 문명의 이기만으로 즐거움을 찾고 있다. 2차원 세계는 냄새도 맛도 없으며 촉각도 느낄 수 없는 허상만이 넘쳐날 뿐이다. 현대인들에게는 후각, 미각, 촉각 등 오감이 활용되는 공감각이 필요하다.

인간은 언어로 의사소통을 하는 유일한 영장류다. 그러나 언어는 음운이나 형태를 통해 사물이나 사건을 기억하거나 이해하는 수단일 뿐 맛도 없고 촉각도 없다. 그러므로 2차원 세계의 언어는 살아 있는 언어가 아니다. 이렇게 무미건조한 언어가 살아 숨 쉬는 언어가 되려면 공감각이 바탕이 되어야 한다. 그리고 그것은 현실에서 살아 있는 인간과의 교류를 통해서만 가능하다. 단지 언어를 이해시키는 것만으로는 진정한 언어 교육이라고 할 수 없으며, 인간의 마음은 2차원 세계에서는 발달할 수 없다.

인간의 뇌는 태어나서 9살까지 엄청난 기세로 확대된다. 뇌의 기본 소프트웨어인 신경회로가 형성되면 정보가 입력되고 그것이 행동을 유발하는 원동력이 된다. 하지만 신경회로가 일그러지면 인격, 사물을 보는 관점, 성욕의 대상 등 행동의 기반이 되는 요소들이 왜곡되어버린다. 신경회로는 8살까지 거의 틀이 잡히며 9살이 되면 사물에 대한 판단, 계획, 이성에 대한 관심의 방향 등이 거의 확실하게 결정된다.

이런 과정에는 언어가 절대적으로 필요하다. 언어뇌가 성숙하여 자신의 의사를 밖으로 표현하면 말이 되고, 마음속으로 표현하면 사고가 된다. 다양한 사물에 호기심을 느끼고 감동하거나 새로운 것을 창조할 때도 언어는 필요하다. 이성과 교제하는 경우에도 마찬가지다. 언어가 존재하기 때문에 비로소 자신이 남성이고 상대가 여성이라는 사실을 분명히 인식할 수 있다.

시각미디어가 왜곡된 행동을 초래한다

시각미디어가 범람하고 있다. 진화의 첨단을 걸어온 인류가 정보의 대부분을 시각을 통해 얻었으므로 시각미디어가 발달한 것은 당연하다. 한편, 시각의 대상은 눈에서 후두부의 제1시각야로 들어간 뒤에 다시 36구획으로 나누어지는 제2시각야에서 처리된 뒤에 전두엽으로 보내진다.

'백문이 불여일견'이라는 말도 있듯이, 사실 눈으로 확인한 정보만큼 신뢰할만한 것도 없다. 인지과학 분야에서 뇌의 시각

정보 인식 구조는 아직 밝혀지지 않은 부분이 많아서 대뇌생리
학자들의 주요 연구 과제이기도 하다. 하지만 인간의 시각이 그
저 영상 자체만을 받아들이는 것이라면, 그것은 로봇의 인공두
뇌와 다를 게 없다. 물론 로봇의 인공두뇌는 인간의 뇌와는 다르
다. 인공두뇌는 한 개의 부품이 고장이 나면 제 기능을 잃는 반
면에 인간의 뇌는 일부분에 고장이 생기면 수리 및 회복을 가능
하게 하는 가소성이라는 기능이 있다.

대뇌생리학 연구에 따르면, 전두엽의 대부분을 차지하는 소프
트웨어가 인간 행동에 관한 지령을 내린다는 사실이 밝혀졌다.
그뿐 아니라 전두엽의 활성도를 높이려면 시청각만으로는 부족
하고 후각, 미각, 촉각 등의 원시감각이 서로 공감을 이루어야
한다는 사실도 드러났다. 하지만 문명의 이기가 넘쳐나고 있는
요즘에는 시각만으로 쾌락을 얻는 사람들이 엄청나게 늘어나고
있다. 상자처럼 생긴 기구에 들어가 우주유영, 우주전쟁, 악몽,
타임터널, 공룡과의 만남 등 다양한 가상현실을 체험하면서 즐
거움을 얻고 있다.

가상현실은 분명히 복잡한 시각계를 소유한 인간만이 누릴 수
있는 최고의 미디어다. 현대인들은 가상현실 속에서 자유를 찾
고 있다. 최근에는 가상현실 속에서 여성의 영상을 바라보는 것
만으로 쾌락을 느끼는 남성도 늘고 있다. 나는 이들을 '뇌내사정

자연과 많이 접촉한 아이는 뛰어난 판단력과 풍부한 감수성을 지니게 된다. 숲의 풍경과 동식물을 오감으로 체험하면서 아이는 스스로 생각의 힘을 키우며 세상을 보는 시야를 넓혀간다.

자脳內射精者'라고 부른다. 이런 남성들의 상당수가 현실에서는 성적 불능의 문제를 안고 있다.

시각은 인간이 두발로 직립보행을 하게 된 이후에 가장 진화한 감각인데, 원시감각이 그 배후에서 시녀 같은 역할을 하며 진화를 도와주었다는 사실을 잊지 말아야 한다. 진화의 정점에 서 있는 현재도 인간의 시각정보와 그밖의 오감정보는 정보처리소인 대뇌연합야를 매개로 서로 연락을 취하며 뇌의 통합작용을 유도하고 있다.

만약 인생 초기에 다른 오감의 원조 없이 시각 영역만을 운용한다면 공감각적인 체험을 하지 못했기 때문에 결국에는 생명감각을 잃은 로봇 같은 인간이 될 것이다. 성性에 대한 의식도 정상적인 행동으로 연결되려면 생명의 느낌이 충만해야 한다. 다른 사람을 상냥하고 부드럽게 대할 수 있는 생명감각을 가지고 있어야만 온전한 사랑이 가능하다. 화려하거나 아름다운 무언가의 움직임을 시각만으로 포착하고 생명체로 인지하는 것은 매우 위험한 일이다. 진짜 살아 있는 생물은 거칠거나 미끈거리거나 단단한 감촉이 느껴진다. 또한 좋은 냄새든 나쁜 냄새든 후각적인 자극을 준다. 또한 혀로 핥으면 맛도 난다. 맛도 냄새도 촉감도 없는 존재는 현실 속의 생명체가 아니다. 이러한 세계에서 인간의 성은 왜곡될 수밖에 없다.

다른 감각과의 공감없이 시각에만 편중된 세계만을 체험해온 사람은 뇌가 시각정보로만 쾌락을 느끼기 때문에 미각, 후각, 촉각이 공존하는 생물의 세계에서 건강하게 살아갈 수 없으며 어떤 위험에 노출되었을 때도 자신의 몸을 안전하게 지켜낼 수 없다. 또한 그런 허상의 세계에 빠져 성장하는 아이들은 생명감각이 결여되어 있어 생명의 존엄성도 이해하지 못한다.

어린시절의 식생활이 삶에 큰 영향을 미친다

시각에만 의존하며 자란 아이들을 생물의 세계로 다시 불러들이려면 어떻게 해야 할까. 가능하면 숲이나 바다 같은 자연과 살아 있는 동식물의 모습을 많이 보여주어야 한다. 하지만 도시에서는 그것이 쉽지 않은 일이다. 그렇다면 식생활이라도 신경을 써야 한다. 하이테크놀로지 시대에 돌입하면서 우리의 식생활은 상당히 많이 바뀌었다.

과거에는 식생활에 대해 특별히 신경 쓸 필요가 없었다. 모든 음식을 어머니가 직접 만들어 대가족이 함께 둘러앉아 먹었으며, 아이들은 가족을 통해 인간적인 유대감과 서로의 거리감을 스스로 배울 수 있었다. 지금은 그러한 가족 환경이 거의 사라졌으며 식사도 혼자 하는 경우가 많아졌다.

근원적 체험 속에서 경험했던 식생활에 대한 기억은 성인이 된 이후에도 남아 있다. 어릴 때의 식생활이 공허하면 그 이후의 삶과 성생활도 공허해질 수밖에 없다. 애당초 피부는 뇌신경계를 낳은 어머니라고 할 수 있으며, 피부에 뚫려 있는 구멍들은 외부 환경이나 사람들과 직접적인 교류를 하기 위한 중요한 기관이다. 그 중에서도 내장의 안면개구부라고 할 수 있는 입은 내장감각의 안테나이면서, 동시에 후각, 미각, 촉각을 탐지하는 기능도 겸하고 있다.

인간이 두 발로 직립보행을 하게 되어 얼굴이 지면에서 멀리 떨어진 후에도 입은 항상 새로운 세계를 인지하는 중요한 기관이었다. 입은 맛을 느끼고 내장으로 그 맛을 전달하면서 외부 환경에 적응한다. 그래서 식생활이 중요한 것이다. 하이테크놀로지 시대에 우리는 이를 대수롭지 않게 여기고 있다. 무언가를 학습하고 그 내용을 기억하려면 뇌 안의 신경회로가 바쁘게 움직인다. 이 과정에서 정동, 즉 동물적인 감성활동이 동반된다면 그 효과는 배가된다. 이것은 앞서 설명한 공감각을 활용하며 살아가는 생활방식이다.

사람의 얼굴을 기억할 때도 우선 측두연합야의 뒤쪽에서 지각하고 대뇌변연계의 해마로 기억한 다음, 전두엽의 소프트웨어에서 구별과 판단이 이루어지듯이, 다양한 감각정보가 겹쳐진 기억이 올바른 기억이라고 할 수 있다. 대뇌신피질계에 안세포顔細胞라는 것이 제대로 활동하고 있다 해도 올바른 판단을 위해서는 감각정보가 들어 있는 기억장치가 필요하다.

손발의 움직임이 부자연스럽고 언어가 제대로 발달하지 않은 갓난아기의 안세포는 생후 2주면 나타난다. 아이는 입의 감각으로 가장 먼저 엄마의 얼굴을 기억하게 된다. 우선 유두를 빨고 자신의 손가락을 빠는 행동을 바탕으로 상대방의 형태와 크기, 거리, 표면의 감촉, 냄새와 맛을 감지함으로써 자신과 세상을 인지한다. 시각과 청각이 발달하면 동물적 감각과 상호작용하여 모자이크 모양의 기억을 만드는 기초가 형성된다. 이런 공감각이야말로 뇌의 건강한 발달에 빼놓을 수 없는 요소다.

그런 점에서 본다면 요즘 아이들의 식생활은 문제가 많다. 아이들이 많이 먹는 인스턴트 식품이나 패스트푸드는 세상을 인지하는 데 아무런 도움을 주지 못하며, 이런 음식은 가축을 기를 때 사용하는 사료와 마찬가지라고 할 수 있다. 요즘은 부모들과 사회가 이런 저런 핑계로 아이들을 가축처럼 키우고 있다. 아이들을 로봇이나 가축처럼 키우는 사회는 미래가 없다. 또한 그렇게 자란 아이는 성인이 되어서도 올바른 성의식을 갖지 못하게 된다. 그리고 일그러진 성은 비정상적인 삶으로 이어진다.

19

자연과 사람과의
접촉을 늘려주어라

두뇌의 전두엽에 유토피아가 있다

프랑스의 화가 폴 고갱은 남태평양의 섬 타히티를 그린 작품을 많이 남겼다. 갈색 피부를 가진 정열적인 여성, 형형색색의 식물과 과일, 화려하게 채색되어 있는 풍요로운 낙원. 이런 화풍은 고갱이 어린시절에 겪었던 근원적 체험이 큰 영향을 미쳤던 것 같다. 부친이 저널리스트였던 고갱은 6살까지 남미의 페루에서 자랐다. 근원적 체험은 전두엽의 신경회로망이 완성되는 9살까지 만들어지므로 6살이라면 이미 근원적 체험의 대부분이 형성되어 있을 시기다.

아름다운 풍경과 소리와 냄새, 신체 접촉, 오감으로 느꼈던 안락함 등이 그의 근원적 체험에 담겨 있었을 것이다. 근원적 체험을 추구하는 것은 뇌의 전두엽이다. 인간의 모든 행동을 프로그래밍하는 전두엽은 쾌감을 느끼고 계속해서 다음 행동을 지시한다. 그런 의미에서 볼 때 유토피아가 존재한다면 바로 이 전두엽에 존재한다고 할 수 있다.

단, 여기에는 커다란 함정이 있다. 재미있는 실험을 소개해보자. 쥐의 뇌 속에 전극을 장치하고 쥐가 페달을 밟으면 약한 전류가 흘러 쾌감을 느낄 수 있도록 했다. 그런데 식욕 중추를 자극하면 쥐는 페달을 밟는 것만으로 식욕이 충족되기 때문에 먹는 행위를 잊어버리고 결국에는 페달만 밟다가 굶어죽게 된다. 지금 현대사회에 이와 비슷한 현상이 발생하고 있다. 시각적 이미지만으로 쾌락을 얻는 가상섹스가 그런 예라고 할 수 있다. 이것은 전두엽이 유난히 발달한 인간만이 할 수 있는 행위이다. 하지만 이런 행위를 일삼는 사람은 생물적 존재임을 포기한 거나 다름없다. 젊은이들이 끊임없이 컴퓨터 게임에 몰두하는 것도 시각적 쾌락만을 추구하는 행위라고 볼 수 있다. 허상에 의한 쾌락 추구는 파멸의 위험성을 내포하고 있다.

쥐 실험을 통해서도 알 수 있지만, 거의 모든 생물들의 행동은 쾌감이라는 동기를 바탕으로 이루어진다. 인간도 예외는 아니다. 쾌락이라는 보상 없이는 의욕이 생기지 않는다. 의욕을 유발하는 것도 뇌이며, 그 결과로 얻어진 쾌감을 감지하는 것도 뇌다.

쾌락의 근원이 되는 쾌락물질에 대해 알아보자. 몸 안에서 분비되는 쾌락물질로는 도파민, 베타 엔도르핀, 부신피질자극호르몬ACTH 등이 있다. 그 중에서 모르핀 같은 물질로 뇌 안에서 강력한 작용을 하는 베타 엔도르핀과 부신피질에서 분비되는 ACTH는 매우 중요한 역할을 한다.

원래 쾌락물질은 단순한 쾌락을 얻기 위한 것이 아니라 생물이 살아가는 데 장애가 되는 스트레스를 해소하기 위해 생성되는 것이다. 생물이 스트레스를 받으면 부신피질에서 ACTH가 배출되어 신체의 스트레스를 완화시켜주며 동시에 같은 양의 베타 엔도르핀이 배출되어 심리적 스트레스를 해소해준다. 만일 이런 쾌락물질이 없다면 생물은 스트레스에서 벗어나지 못해 생존하기 힘들 것이다.

최근 연구에 따르면, 임신부의 몸에서는 임신을 하지 않은 여성의 3배에 해당하는 베타 엔도르핀이 배출된다는 사실이 밝혀졌다. 출산이 시작되면 그 양은 2~3배 더 증가한다. 그런 현상이 발생하지 않는다면 진통을 견뎌낼 수 없다. 이처럼 인간의 몸 속에서는 상황에 따라 오묘한 작용이 일어나고 있다.

　뇌의 가장 큰 부분을 차지하는 대뇌는 좌, 우 2개의 반구로 나뉘어져 대칭을 이루고 있으며, 마치 까놓은 호두같이 주름이 잡혀 있다. 대뇌는 앞부분이 전두엽이고 정수리가 두정엽, 측면이 측두엽, 그리고 뒷부분이 후두엽 이렇게 4부분으로 나눌 수 있다. 또한 뇌에는 대뇌신피질과 쾌감신경의 근원인 중뇌가 있다. 중뇌에서 배출되는 도파민은 식욕과 성욕의 중추인 시상하부와 내측전뇌속이라는 신경다발을 스치고 상행하여 대뇌변연계에 이른다. 대뇌변연계에서는 강한 쾌감을 양성하는 내와피질과 표정을 만드는 대뇌기저핵, 분노, 경계, 탐색이라는 공격적인 마음과 관계가 깊은 편도체, 그리고 후각계로 보낸 뒤에 학습과 관계가 깊은 해마를 거쳐 전두엽에 도착한다. 그리고 전두엽에서 베타 엔도르핀으로 바뀌어 사방으로 확산된다.

　동물과 인간의 쾌감도 차이는 대뇌피질의 크기 차이다. 또한 인간의 뇌에는 여러 부분을 연결하여 고도의 기능을 담당하는 장소로서 5개의 연합야, 즉 전두전야, 운동전야, 두정야, 시각전야, 측두야가 있다. 이 연합야가 있기 때문에 뇌의 다양한 부분이 서로 연대하여 흥분을 증폭시킬 수 있다. 이 연합야들은 평생에 걸쳐 계속 발달한다.

연합야는 오감을 통해 발달한다

연합야를 단련하려면 어떻게 해야 할까. 가장 먼저 오감을 발달시켜야 한다. 오감은 시각, 청각, 후각, 미각, 촉각인데 특히 후각은 전두엽의 활동과 밀접한 관련이 있다. 명상을 할 때 피우는 향도 후각을 통하여 뇌를 활성화시키기 위한 것이다. 아울러 후각과 관계가 깊은 미각, 촉각, 내장감각이라는 이른바 원시감각도 중요하다. 이 감각들을 종합적으로 가지고 있는 기관이 입이다. 우리가 세상에 태어나 세상을 인지하기 위해 사용하는 첫 번째 기관도 입이다.

갓난아기는 엄마의 가슴에 안겨 냄새를 맡으며 젖을 빨고 가족에게 둘러싸여 대화를 들으면서 자란다. 그리고 몇 개월이 지나면 엄마는 직접 만든 음식을 잘 씹어서 아이에게 먹인다. 이런 환경에서 점차 연마된 원시감각이 조화로운 세계관을 육성해주고 삶의 역경을 헤쳐 나아갈 수 있는 힘을 키워준다.

인간의 갓난아기는 다른 동물의 새끼보다 몇 배나 더 엄마의 손길을 필요로 한다. 그렇기 때문에 인간은 아이를 마주보면서 키워야 할 필요가 있었다. 인간이 진화 과정에서 직립보행을 하게 된 것은 아이를 키우는 데도 많은 도움이 되었지만, 뇌를 비약적으로 발달시키는 데도 큰 영향을 미쳤다.

에티오피아에서 발견된 원인猿人 화석 루시의 골반과 발바닥뼈에는 그녀가 두 발로 직립보행을 했던 흔적이 남아 있다. 루시는 두 발로 일어나 발끝으로 버티고 서서 손으로 과일을 따고 튼튼한 이로 그것을 씹어 먹었을 것이다. 두 발로 일어나 발끝에 체중을 실으면 엄지발가락 관절에서 뇌 쪽으로 직접적인 자극이 전달된다. 또한 손의 사용과 아래턱을 움직여 씹는 행위도 뇌를 자극한다. 손, 발, 입을 적절히 사용하면 뇌의 발달이 촉진시킨다는 것은 이미 입증된 사실이다.

인간은 이런 식으로 뇌를 발달시켜 약 10만 년 전에 네안데르탈인으로 진화했으며, 그 후 현대인의 원형이라고 불리는 크로마뇽인이 출현하였다. 크로마뇽인과 네안데르탈인의 가장 큰 차이는 전두엽의 크기다. 크로마뇽인의 전두엽이 더 큰데, 뇌 발달의 차이는 그들이 사용했던 도구에서도 확인할 수 있다. 크로마뇽인의 도구는 잘 연마되어 있고 섬세하며 착색을 한 것도 있다. 그들은 아직 문자를 발명할 정도는 아니었지만 추상적인 언어인 그림을 동굴에 남기기도 했다. 그들은 이미 실용성을 넘어서 그림을 통해 감정을 교류하는 즐거움을 발견했던 것이다.

이처럼 인간의 뇌는 진화하면서 발달해왔다. 외부의 자극이 강할수록 인간의 지능은 발달한다. 그리고 지능이 발달함에 따라 인간은 유토피아를 꿈꾸게 되었다. 네안데르탈인은 유토피아를 가지지 못했다. 인간이 유토피아를 마음에 품게 된 것은 동굴 벽화를 그릴 수 있을 정도로 전두엽이 발달된 크로마뇽인 시대부터였다. 자기 자신을 표현하고 다른 사람과 교류하는 방법, 즉 놀이를 즐기면서부터 유토피아를 지향하게 된 것이다. 다시 말해서, 고차원적인 놀이를 지향하는 인간의 바람이 바로 유토피아라고 할 수 있다.

뇌는 독자적으로 행보할 위험성이 있다

진화의 역사를 좀 더 거슬러 올라가 보자. 우선 생물에게는 외막이 있었다. 외막이 일그러져 신경계가 형성되자 앞부분이 부풀어 올라 뇌가 되었고 뒷부분이 늘어나 척수가 되었다. 즉 처음에 피부가 생겼고, 뇌는 피부로부터 자극을 받아들여 처리하기 위해 발달한 기관이다. 그런 의미에서 피부는 신체 표면을 덮고 있는 얇은 막으로 된 뇌라고 할 수 있으며, 외부 세계의 자극을 내부로 전달하는 감각수용기라고도 할 수 있다.

피부에는 촉각, 온각, 냉각, 통각이라는 4종류의 기본적인 감각이 있다. 이 4가지 단순한 감각이 조합되어 '무덥다', '가렵다', '간지럽다' 등의 복합적인 감각을 낳는다. 연구자들 중에는 피부감각은 자극이 약할 때는 접촉한다는 느낌이고 중간 정도인 경우에는 압각이 되며 강할 때는 통각이 된다고 주장하기도 하지만, 사실 통증과 관련된 감각은 매우 복잡하다. 그 이유는 이런 감각들이 심리적인 영향을 받기 쉽기 때문이다. 통증 수용기관은 피부의 표층에 가지 모양으로 퍼져 있고 그 수도 다른 수용기관과 비교할 때 압도적으로 많다.

예를 들면, 손가락 끝에 상처를 입었다고 하자. 통증이라는 감각을 느끼는 신경 말단이 손가락 끝의 상처를 전기신호로 번역하여 척수로 보내면 통증 신호는 몇 개의 배전반을 통하여 뇌로 전달된다. 뇌에 도달하기 직전에는 뇌간의 시상이라는 교환대를 거치는데 이곳에도 수백 개의 배전반이 있다. 통증 신호는 이곳에서 뇌의 모든 부분으로 발사되어 통증에 대한 기억, 사고, 선입관을 만들어낸다. 그리고 나서 뇌에서 재발사된 신호는 지금까지 걸어온 길을 역행하여 통증에 대한 다양한 반응을 일으킨다. 피부와 뇌 사이에는 이렇게 엄청난 교환대와 배전반이 존재하기 때문에 통증이라는 자극은 얼마든지 변질될 수 있다.

예를 들면, 그 배전반 중 하나에 다른 장소에서 엉뚱한 정보가 들어오면 통증은 점차 완화되고 쾌감으로 바뀌어버린다. 그 극단적인 예가 새디즘이나 매저키즘이라는 변태성욕이다. 이처럼 감각경로를 상행하는 과정에서 다른 감각으로 바뀌는가의 여부는 신경세포와 신경세포를 연결하는 시냅스가 어떻게 형성되어 있는가에 달린 문제다. 하나의 신경세포에는 1,000~20만 개의 시냅스가 형성되어 있다. 그것을 측면에서 지원하는 것이 입력되는 자극정보이며 이 자극정보가 균형이 잡혀 있지 않으면 시냅스는 정상적으로 활동할 수 없다.

인간의 뇌는 자칫하면 독자적으로 행보할 위험성을 안고 있다. 육체가 무용지물이 되어 의식만이 남아 있는 존재로 전락해버리지 않기 위해, 허상이나 환상으로 만족하거나 도착적인 세계에 빠지지 않기 위해 우리는 오감을 충분히 활용하면서 살아야 한다. 그것은 인간과 교류하고 자연과 접촉하면서 사는 삶이다. 서로의 눈을 바라보고 피부를 접촉하며 감정을 나누는 삶, 대지를 밟고 서서 비와 바람 소리를 들으며 온갖 식물과 꽃 냄새를 맡으며 사는 삶, 오랜 세월 인간이 유지해온 이런 삶이 지속되어야만 생명력이 넘치는 진정한 유토피아가 건설된다. 현대인들은 이 점을 깨닫고 현재의 문화, 교육, 환경에 대해 깊이 생각해보아야 한다.

20

입은 마음을 다스리는 가장 중요한 기관이다

잘 씹는 아이는 집중력도 강하다

여기에서 정보의 출처에 따른 뇌 안의 정보 수신 분포도를 짚고 넘어가자. 정보라면 어디에서 발생한 정보일까. 얼굴, 손, 발, 그리고 온몸을 감싸고 있는 피부나 근육, 손과 다리에서 들어오는 감각과 운동정보를 가리킨다. 움직이는 행위에 의해 발생한 정보는 뇌의 한가운데에 있는 '체성감각야' 로 전달된다.

신체의 어느 부위에서 정보가 발신됐는가에 따라 수신 면적이 다르다. 얼굴에서 오는 정보가 무려 50%를 차지하고 나머지 절반은 손과 발로 구분된다. 그 분포도를 보고 있으면 입의 중요성을 새삼 깨닫게 된다. 그러고 보면 손과 발을 움직이지 않을 때도 입은 많이 움직이는 편이다. 말을 할 때도 그렇고 음식을 먹을 때도 그렇다. 한편, 인간은 진화 과정을 거치면서 말을 하지 않고 눈짓만으로도 기뻐하거나 슬퍼하고 심지어는 화를 낼 수 있게 되었다.

그럼에도 불구하고 입의 영향력은 절대적이다. 인간은 두 발로 직립보행을 하면서부터 본격적으로 진화하기 시작했다. 그 덕분에 서로 얼굴을 마주볼 수 있게 되었고, 얼굴에 분산되어 있는 각 기관의 중요성이 크게 증대되었다. 얼굴을 마주보고 포옹이나 키스를 함으로써 상대방의 사랑을 확인할 수도 있고, 상대방이 말을 할 때 입을 바라보면 그 의미를 보다 깊이 이해할 수 있다. 또한 음식을 먹을 때도 다른 사람이 맛있게 먹는지 그렇지 않는지도 입을 보면 알 수 있다.

원인猿人이 지구의 인력을 거스르고 대지에 우뚝 선 지 400만 년. 발끝으로 대지를 딛고 걷기 시작했다는 의미로, '아담과 이브'의 아담은 헤브라이어로 대지, 이브는 생명이라는 말이다. 대지는 곧 인류를 가리킨다. 따라서 대지, 즉 흙에서 벗어난 인간은 더 이상 인류라고 할 수 없다.

우리는 두 발로 대지를 밟고 있기 때문에 바른 자세로 음식을 씹어 먹을 수 있다. 뇌의 정보 분포도에서 상당 부분을 차지하는 입에서 가장 큰 역할을 하는 부위는 입술이 아니다. 사실은 치아, 혀, 인후부 등 씹는 데 필요한 기관이 분포도 절반의 대부분을 차지하고 있다. 이것은 씹는 행위로 뇌에 활성신호를 보낼 수 있다는 의미다. 이런 저작 행위로 원인의 뇌는 진화 과정을 거치며 3~4배로 확대되었다. 발끝에 체중을 실어 질주하고 손끝을 자유롭게 사용하게 된 것도 뇌의 진화에 크게 기여했지만 입이 기여한 정도에는 미치지 못한다.

수년 동안 치과의사들은 씹는 행위와 뇌의 관계를 연구해왔는데, 해를 거듭할수록 여러 성과가 나타나고 있다. 그 중의 한 결과는 잘 씹는 아이는 충치가 적고 집중력도 강하며 언어에 대한 이해도 빠르다는 사실이다.

이미 잘 알려진 사실이지만, 씹는 행위는 선천적인 것이 아니라 학습에 의해 습득되는 것이다. 20살을 지나면 씹는 습관을 고치려고 해도 잘 되지 않는다. 하관이 잘 발달된 사람과 이야기를 나눠보면 왠지 모를 안정감이 느껴진다. 그런 사람이 서 있는 자세를 보면 확실히 발이 땅에 딱 붙어 있음을 알 수 있다. 그러나 턱이 잘 발달되어 있지 않고 치열이 고르지 않은 사람을 보면 서 있는 자세가 불안한 느낌을 준다.

일본 NHK 방송의 한 어린이 프로그램에서 초등학교 고학년 아동들을 접할 기회가 있었다. 당시 내가 조사해본 결과, 엄마가 직접 만들어준 음식을 잘 씹어 먹는 아이는 유난히 호기심이 강하고 눈이 반짝반짝 빛이 난다는 사실을 알게 되었다.

입은 말을 하고 음식을 씹는 행위뿐 아니라, 음식과 관련하여 새로운 세계를 인지하는 능력도 지니고 있다. 구강 안에는 미각, 후각, 촉각, 내장감각이라는 안테나가 존재하기 때문이다.

규칙적인 식사가 좌뇌와 우뇌를 조화롭게 만든다

인류가 고도로 진화할 수 있었던 것은 잘 씹는 방법을 배우고 무엇이든 먹을 수 있었기 때문이다. 사실, 하등 동물일수록 음식을 제대로 씹지 않고 그대로 삼킨다. 음식을 씹어 먹으면 자연스럽게 얼굴의 모든 근육을 움직이는 운동을 하게 된다. 턱에서 뇌로 이어지는 부위에는 체성감각을 전달하는 신경이 분포되어 있어, 씹는 행위는 뇌에 자극을 전달해주면서 혈액을 뇌로 보내는 펌프 역할도 해주어 뇌의 발달을 촉진한다.

최근에는 아이들이 성인병에 잘 걸린다는 보도가 자주 나오고 있다. 그리고 그 주요 원인이 비만을 촉진하는 기름진 음식의 섭취와 운동 부족이라고 한다. 그런 불행을 사전에 예방하기 위해서는 아이가 하루에 섭취하는 식품의 종류가 다양할수록 좋다. 이는 화려하고 고급스런 식사를 제공해주어야 한다는 의미가 아니다. 음식을 가리지 않고 잘 씹어 먹는 법을 가르쳐야 한다는 말이다.

보통 사람들은 잘 인식하지 못하고 있지만, 뇌의 발달과 식생활과는 매우 깊은 관계가 있다. 씹는 행위는 오른쪽 뇌와 왼쪽 뇌의 소통을 원활하게 해준다. 우뇌는 감정이나 감각을 담당하는 뇌이고, 좌뇌는 이성이나 생각을 담당하는 뇌다. 씹는 행위는 우뇌와 좌뇌가 서로 손을 맞잡고 멋진 삶을 창조하도록 유도하는 중재자 역할을 한다.

여성은 선천적으로 우뇌와 좌뇌의 연결 부위가 남성보다 넓다. 우뇌의 능력이 부족하면 좌뇌가, 좌뇌의 능력이 부족하면 우뇌가 보완해주는 능력이 남성보다 뛰어나다. 그러나 아무리 잘 씹는다고 해도 계속 씹고만 있다면, 오히려 뇌에 부정적인 영향을 미친다. 예를 들어 끊임없이 간식을 먹으면 살만 찌는 것이 아니라 뇌의 활성도 역시 떨어지게 된다. 따라서 규칙적인 식사를 해야 한다.

예로부터 식생활은 인간적인 교류의 주요 통로였다. 하지만 바쁘게 살아가는 현대인들은 혼자 식사를 하는 경우가 많고, 음식을 먹을 때도 마치 동물이 사료를 먹듯이 씹지 않고 거의 삼켜버리는 습관을 가지고 있다. 아이가 이런 습관에 길들여지면 뇌가 제대로 자극을 받지 못한다.

전두엽은 손과 발에서 보내는 정보를 수신하기도 하지만, 대부분의 정보는 얼굴에서 받는다. 그런 자극에 의해 두뇌의 신경세포망이 형성된다. 갓난아기가 엄마의 젖을 빠는 것은 영양분을 자신의 몸 안으로 받아들이는 행위일 뿐 아니라, 미각, 촉각, 후각, 내장감각, 그리고 손의 감각을 통해 뇌를 활성화시키는 행위이다. 또한 이것은 아이가 세상을 향한 첫걸음을 내딛는 행위이기도 하다.

옛날에는 아이의 식생활도 영양 제공에만 목적을 둔 것이 아니었다. 예를 들면, 생선을 먹을 때 아이는 생선을 소재로 삼아 먼 바다에서부터 미지의 세계에 이르기까지 상상의 나래를 펼치곤 했다. 고기는 어디에서 잡히고, 언제 알을 낳고, 어떻게 살아가는지를 배웠다. 식생활은 바로 아이의 꿈과 세계의 폭을 넓혀주는 교육의 역할도 했던 것이다. 하지만 지금은 어떠한가. 이름도 모르는 생선 토막과 인스턴트 식품이 가득한 식탁에 앉아 허겁지겁 식사를 끝내야 하는 현실 속에서 아이의 상상력이 발휘되기는 어렵다. 아이에게 직접 음식을 만들어주는 일은 그만큼 중요하다.

요즘 아이들은 패스트푸드와 인스턴트 식품을 선호하는 경향이 있으며, 심지어는 혼자 식사하는 경우도 종종 있다. 이런 식으로 배만 채우는 식사는 마치 동물이 먹이를 먹는 행위와 다를 바 없으며 두뇌 발달에도 전혀 도움이 되지 않는다.

3살 때의 식습관이 80살까지 간다

인간의 뇌에서 가장 중요한 부분은 이마 쪽에 위치한 전두엽이다. 삶의 원동력은 바로 이 부분에 있는, 조상대대로 물려받은 잠재능력이다. 손, 발, 입, 내장에서 발신되는 자극은 전두엽으로 들어간다. 다양한 명령을 내리는 전두엽으로 유입되는 정보의 대부분은 입을 포함한 얼굴의 자극이다. 그러므로 뇌를 활성화시키는 데 음식을 씹는 행위가 중요한 것이다.

음식을 씹는 행위로 전두엽이 자극을 받고, 그 자극에 의해 뇌의 활동이 활발해지면 학습기억과 관련 있는 부분도 당연히 자극을 받는다. 음식을 씹는 행위도 학습이다. 어린시절에 음식을 제대로 씹어 먹는 습관을 들이지 않은 아이는 성인이 되어서도 잘못된 식습관을 갖게 된다. 햄버거 같은 음식만 먹다 보면 치아가 힘을 잃게 되고 뇌도 활성화되지 않는다.

인간을 인간이라 할 수 있는 것은 전두엽이 존재하기 때문이라고 해도 과언은 아니다. 현재의 교육은 전두엽 이외의 부분, 즉 두뇌의 하드웨어에 지식을 주입시키는 데 치중하고 있다. 전두엽이 잘 발달되어 있는 경우에는 이런 지식을 얼마든지 활용할 수 있지만 그렇지 않은 경우에는 지식은 무용지물이 된다. 전두엽을 발달시키는 것은 교양을 쌓는 일이다. 교양은 모르는 것이 있으면 스스로 다양한 방법을 생각하며 해결해가는 능력이다. 주입식 교육을 받기 위해 학원을 다니는 아이가 지르는 비명은 바로 전두엽의 비명이다.

최근에는 아이들을 방학 때나 일정 기간 동안 지방으로 유학을 보내는 코스가 마련되어 있다. 그런 곳에 등록하면 오전에는 간단한 공부, 오후에는 자연과 접하며 물고기잡기, 매미잡기, 밭일 등의 생활을 하며 지내게 된다. 도심에서 스트레스에 지친 아이들이 그런 곳에서 몇 개월 지내다 보면 심신이 건강해진다. 하지만 집으로 돌아오면 다시 공부와 경쟁에 시달리는 과거의 생활로 돌아가게 된다. 부모들은 이런 점에 주목하고 아이들에게 과연 무엇이 중요한가를 깨달아야 한다.

이런 결과는 자연환경에 몸을 맡기면 뇌가 활성화될 수 있다는 사실을 증명해주는 것이다. 그러므로 전두엽이 스트레스를 받으면 자연환경에 몸을 맡겨야 한다.

인간에게 중요한 두뇌 활동은 사물의 모습이나 형태에 대한 이해뿐 아니라, 냄새, 맛, 내장감각, 촉각을 통한 생명 그 자체의 이해다. 그런 체험을 많이 한 아이는 다른 사람을 상냥하고 부드럽게 대하면서 성장한다. 인간의 마음은 가상현실의 체험 따위로는 길러지지 않는다. 아이는 살아 숨 쉬는 사람들과 교류하고 자연과 접하면서 자라야만 활기차고 밝은 인간으로 성장할 수 있다. 컴퓨터에 등장하는 인간이나 동물은 죽어도 되살릴 수 있다. 허상이 실상처럼 되어버리는 이런 의사체험 세계에 얽매여 있으면 아이는 결코 밝고 건강하게 자랄 수 없다.

문명이 로봇 인간을
만들어낸다

인간은 흙을 밟고 살아야 한다

인간의 모든 행동은 당연히 뇌의 명령에 의해 이루어진다. 그
중에서도 전두엽은 뇌 전체의 3분의 1을 차지하는 가장 큰 영역
이다. 인간은 이 전두엽으로 생각하고 계획하고 판단한다. 이성
에 대한 관심을 가지는 것도, 의욕을 느끼는 것도 모두 전두엽에
서 이루어진다.

하지만 인간은 다른 동물과 비교해볼 때 매우 미숙한 상태에서 태어나기 때문에, 뇌가 존재하는 것만으로는 부족하고 세포의 네트워크를 형성해주는 학습을 해야 한다. 학습은 주변 환경과 신경세포의 교류에 의해 이루어진다. 잠재능력을 살릴 수 있는가 없는가는 환경과 체험에 의해 결정된다.

환경은 주거지와 그 안에서의 인간관계가 중요한 요소들이다. 인간의 주거지로 적당한 높이의 한계는 3층이라는 연구가 영국에서 발표된 적이 있다. 독일에서는, 유연한 몸을 가지고 있는 인간이 살 수 있는 환경은 나무, 흙, 돌 등의 자연물로 이루어져야 한다는 보고가 나오기도 했다. 하지만 우리 사회는 자연친화를 추구하는 이런 움직임에 역행하고 있는 듯한 느낌이 든다. 자연과의 조화는커녕 곳곳에 고층건물들이 우후죽순처럼 들어서고 있으니 말이다.

최근에는 고층에 사는 임신부가 저체중 아이를 낳기 쉽다는 것, 유산 가능성이 높다는 것, 고층에 사는 아이일수록 발달이 늦다는 것 등의 연구결과도 나왔다. 원래 인간은 흙에 발을 붙이고 살아야 하는 존재다. 흙에서 동떨어진 문명은 인간의 숨통을 조이는 결과를 낳게 된다.

성장하는 아이에게는 자연을 보여주고 느끼게 해주는 것이 가장 훌륭한 교육이다. 오감을 통해 많이 느끼고 감동적인 체험을 하면서 자라는 아이는 스스로 생각하고 계획하고 판단하는 힘을 키우게 된다. 그리고 부모는 아이와 함께 그런 체험을 공유하고자 하는 노력이 필요하다.

아이가 숲에서 낙엽을 주우면 그것은 단순한 쓰레기가 아니라 자연의 순환법칙에 따라 떨어진 것임을 알려주고, 그것이 다시 나무를 자라게 하는 밑거름이 된다는 사실을 일깨워주어야 한다. 그리고 한 주먹의 낙엽 안에는 수만 마리의 미생물이 살아 있음을 알려주고 확인시켜준다면 아이는 신선한 자극을 받는다. 자연과 생명에 대한 이런 가르침은 아이를 인정 많은 사람으로 성장시킨다. 우리 주변에는 하찮게 보이는 것에도 소중히 여겨야 할 생명체가 존재한다는 사실을 아이에게 알려줄 필요가 있다.

물질적 풍요가 두뇌 발달을 저해한다

교육은 지육知育, 체육體育, 덕육德育의 합이라고 한다. 일찍이 대가족 시대에는 여기에다 식육食育, 즉 식생활 교육이 더불어 조화를 이루고 있었다. 하지만 물질문명이 발달하면서 식생활에도 유행이 생기고 음식을 마치 사료처럼 먹어치우는 습관이 만연하게 되었다. 이는 인간의 가축화 현상이라고 해도 될 것 같다. 또한 씹을 필요가 없는 식품이 급증하고 메뉴도 획일화되었으며, 불필요하게 많은 양의 섭취를 부추김으로써 소아 성인병 발생률이 높아지고 있다.

인간사회에서 식생활은 일종의 문화이며 뇌를 발달시키는 데 빼놓을 수 없는 하나의 생활양식이다. 우리는 식생활을 통해 다른 사람들과 교류를 하고, 입의 감각으로 정신활동의 프로그래밍센터인 전두엽 소프트웨어를 활성화시키고 세계를 인지한다. 따라서 영양가 있는 음식을 골고루 섭취하고 식사를 규칙적으로 하는 식습관이 중요한 것이다. 알코올, 니코틴, 지방, 염분 등을 과다 섭취하면 신체만 병드는 것이 아니라 뇌도 파괴된다.

400만 년 전에 원인猿人이 나타나 인류로 진화한 이후, 뇌는 엄청나게 커졌다. 그 직접적인 요인은 발끝에 체중을 실어 들판을 질주하고, 자유로워진 손과 얼굴과 입을 활발하게 사용했기 때문이다. 그런데 물질적 풍요가 넘쳐나기 시작하면서 사람들은 손과 발을 사용하고 음식을 씹는 행위 등, 몸의 기관을 움직이는 일을 귀찮게 여기고 있다. 그 때문에 현대인의 뇌는 갈수록 노화되고 활력을 잃어가고 있다.

22

두뇌의 에너지원은
음식이다

'먹는다' 는 말은 사람을 좋게 만든다는 의미다

일상생활에서 가장 개선하기 쉬우면서도 중요한 생활이 바로 세 끼의 식사다. 편의점에서 구입한 정체불명의 식품이나 일회용 용기에 담긴 음식으로 식사를 하는 광경을 보면 너무도 안타까운 생각이 든다. '먹는다' 는 의미의 한자 '食식' 은 '사람人을 좋게良 만든다' 는 뜻을 내포하고 있다는 사실을 다시 한번 명심하자. 그렇다면 우리는 아이들에게 정말 도움이 되는 식사를 제공하고 있는가. 대부분의 사람들이 엄마의 손맛을 잊은 지 오래고, 끼니 때마다 동물이 사료를 먹듯이 배를 채우기에만 급급하다.

나는 현대사회의 아이들이 식생활 면에서 가축화되는 현상을 심히 우려한다. 식사도 양을 추구하는 시대는 지났다. 엄마는 직접 음식을 만들어 자녀에게 먹여야 한다. 훌륭한 문화적 전통이란 그 손길을 직접 느끼게 해주는 것이다. 인간은 음식을 먹는 행위, 즉 입의 감각을 통하여 세상을 인지해왔다. 정체를 알 수 없는 음식만을 먹다 보면 자신도 모르게 세상을 보는 관점이 좁아진다.

식사를 할 때는 촉각, 미각, 후각, 내장감각이 모두 이용된다. 예를 들면, 아이가 세도우치우미에서 잡은 물고기를 먹을 때는 혼슈와 시코쿠 사이의 바다를 떠올릴 수 있어야 한다. 그리고 일본열도를 떠올리고 나아가 일본열도가 있는 아시아, 아시아를 넘어선 세계와 지구, 이런 식으로 세도우치우미에서 시작된 이미지를 점차 확대시킬 수 있어야 한다. 생선은 어디에서 사느냐고 묻는 아이, 매일 먹는 밥이 어디에서 나오는지 모르는 아이는 분명 심각한 문제가 있는 것이다. 이런 아이들이 자라서 사회를 이끌어간다고 생각해보라.

0~9살까지의 아이에게는 가능하면 다양한 자연환경을 접하게

식생활은 교육적 의미를 담고 있어야 한다. 엄마가 손수 준비한 음식으로 가족과 함께 식사하며 대화를 많이 나누는 아이는 호기심이 많아지고 시야가 넓어진다. 특히 식탁에 올려진 생선이나 야채를 화제로 삼아 이야기를 나누는 것은 아이의 두뇌에 좋은 자극이 된다.

해야 한다. 자연 속의 다양한 생물을 보고 느낀 아이는 생명의 존엄성을 깨닫게 되며, 다른 사람의 마음을 잘 이해하는 인물로 성장한다. 아이는 그런 유연한 사고를 기초로 하여 읽고 쓰고 계산하는 과정을 배우면서 교양을 쌓아야 한다. 교양을 쌓는다는 것은 환경 변화에 대응하여 지식을 적절히 활용할 수 있는 능력을 키운다는 뜻이다. 이런 활동은 바로 뇌가 주도하는 것이다.

그렇다면 축적된 잠재능력이나 근원적 체험을 적절히 활용하거나 가공할 수 있는 전두엽 소프트웨어는 어떤 식으로 발달하는 것일까. 전두엽 소프트웨어는 동물적 감성에 의해 지탱되고 있다. 따라서 동물적 감성을 단련시켜야 한다. 개울에서 송사리를 잡고 새들의 노래 소리를 들으며 오감을 이용해 마음껏 뛰어놀아야 동물적 감성이 풍부해진다. 그리고 땀 흘리며 밭을 경작하듯이 모르는 것이 있으면 끈질긴 시행착오를 통해 해답을 찾아내야 한다. 그리고 그 과정에서 감동을 느껴야 한다

아침식사는 뇌의 에너지를 보충해준다

신체가 건강하게 발달하려면 뇌가 활성화되어야 한다. 그 때문에 나는 평소에 젊은이들에게 심心, 식食, 체體라는 세 가지 측

면에 항상 주의를 기울이라고 지도한다. '심'은 마음가짐이다. 순리에 따라 계획을 세우고 결정을 내리면 단호히 추진하는 마음가짐이다. '식'은 식사를 통해 세상을 인지하고 인간적 교류의 근본으로 삼아 올바른 식습관을 유지하는 것이다. '체'는 손발을 많이 사용하고 음식을 잘 씹어 먹는 것이다. 이런 생활습관은 유인원이 인간으로 진화해온 궤적을 재현하는 행위라고도 볼 수 있다.

다른 장기와 비교해볼 때, 뇌는 엄청난 에너지를 소비하는 기관이다. 체중이 63킬로그램인 성인 남성의 경우, 근육과 피부의 무게는 체중의 52%이고 뇌의 무게는 2%에 불과하지만, 소비 에너지는 근육과 피부가 25%, 뇌가 18%이다. 이것만 보아도 뇌의 에너지 사용량이 얼마나 많은지 쉽게 이해할 수 있다. 이런 에너지의 원천은 포도당이다. 뇌는 하루에 120그램의 포도당을 탄산가스와 물로 분해하면서 발생하는 에너지로 활동한다.

포도당의 원천이 전분이고 전분의 주요 원천이 쌀이므로, 뇌의 에너지원으로 쌀은 매우 중요하다. 최근에는 밥을 잘 먹지 않는 아이들이 많이 눈에 띈다. 아이의 두뇌 발달에 관심을 가진 부모라면 아이가 먹는 음식에 각별한 신경을 써야 한다.

동물 실험 결과로는 사료에 당분이 많이 포함될수록 학습 효과가 향상되며, 단백질이 많이 포함될수록 학습 효과가 떨어졌다. 하지만 단백질도 뇌에 매우 중요한 물질이다. 특히 고기에 포함되어 있는 트립토판, 죽순에 포함되어 있는 타이로신도 마찬가지다. 그리고 신경섬유를 감싸고 있는 것은 지질로 만들어져 있기 때문에 지방도 중요하다. 이렇게 본다면 결국 탄수화물, 단백질, 지질, 비타민의 4대 영양소를 골고루 섭취해야 한다는 사실을 알 수 있다.

뇌는 에너지를 대량으로 소비한다. 밤에 잠들어 있는 동안에도 에너지를 소비하는데, 아침에는 에너지가 부족해서 멍한 상태가 된다. 따라서 아침식사를 반드시 챙겨 먹는 습관은 뇌의 에너지를 보충해주는 일이기도 하다. 멍한 상태에 있는 뇌로는 공부를 하든 일을 하든 효율적으로 활동할 수 없다.

인간의 성과 사랑 역시 전두엽과 밀접한 관련이 있습니다. 생물학적 성은 태내에서 형성되지만 태어나서 환경과 문화의 영향을 받아 8살이면 성적 정체성이 결정됩니다. 따라서 성교육도 전두엽이 완성되는 9살까지 마쳐야 합니다. 성교육의 가장 중요한 포인트는 생명의 존엄성을 인식시켜주는 것입니다.

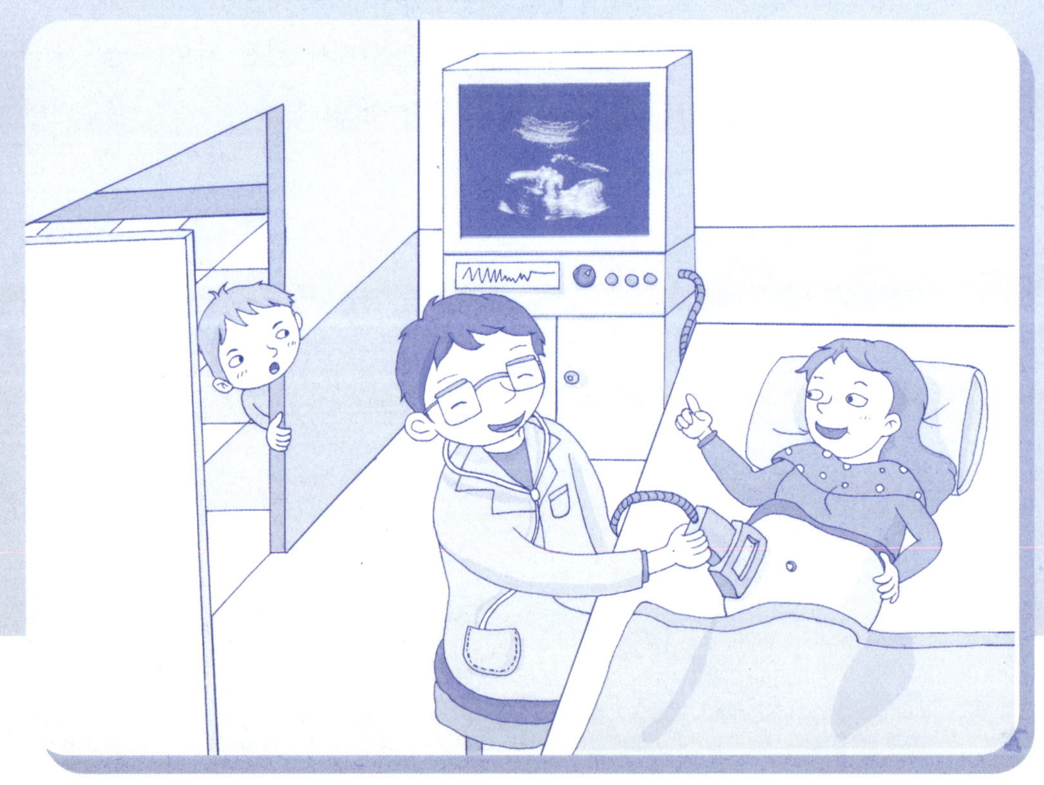

제6장 **9살까지의 성교육**

9살까지 성교육을 마쳐라

23. 성적 정체성은 8살까지 형성된다

24. 성교육은 생명의 존엄성을 가르치는 것이다

25. 인간의 성은 곧 두뇌이고 삶이다

26. 9살까지의 교육이 아름다운 삶을 보장한다

23

성적 정체성은
8살까지 형성된다

두뇌의 생식기적 분화는 태내에서 시작된다

50년 전과 비교하면 요즘 아이들의 신체 성숙도가 2년 정도 빨라졌다고 한다. 또한 기술혁신이 안겨준 풍요로움 때문인지 심리적 발달이 신체적 발달을 따라가지 못하여 여러 가지 문제들이 발생할 소지가 많아지고 있다. 10대의 임신 문제도 현대사회에 어두운 그늘을 만들고 있다.

여기에서는 신체적 발달은 제쳐두고 마음이 성숙하는 과정에 대해 생각해보자. 특히 유아 학대나 난폭한 성범죄가 자주 발생하는 현실에서 성의식의 발달 과정을 살펴보는 것은 중요한 의미가 있다. 우선, 뇌의 성적 분화分化를 포함한 성의식의 발달, 그리고 사고, 판단, 창조, 의욕, 정서 등을 담당하는 곳으로 인간에게 특별히 발달해 있는 전두연합야의 발달 과정에 대해 설명하기로 한다.

처음에 Y염색체가 있어 정소가 형성되고 그곳에서 분비되는 남성호르몬에 의해 남성 성기가 완성된다. 태반이 형성되는 것은 임신 4개월 째, 이때까지는 별 문제가 없다. 하지만 그 이후부터 3개월 동안은 여성호르몬 일색인 엄마의 태내 환경에서 남자 태아는 자신의 정소에서 분비되는 남성호르몬에 의해 뇌의 남성화라는 시련을 겪어야 한다. 이 시기에 태아의 뇌는 남녀 양성호르몬의 바다에서 흔들리는 수용기라고 할 수 있다. 엄마로부터 주어지는 스트레스에 의해 정소의 남성호르몬 분비가 억제되면 뇌의 남성화가 약화되고 여성화로 기운다. 이렇게 남성이 되는 길은 혹독하고 엄격하다.

뇌는 호르몬을 수용하는 그릇인 수용기를 가지고 있는데, 이 시기의 태아의 뇌에 존재하는 성호르몬 수용기는 평생 동안 가장 많은 수를 기록한다. 그 중에서도 시상하부, 편도핵, 해마 등으로 구성되는 대뇌변연계에 대량으로 존재한다. 대뇌변연계가 본능의 중추이므로 당연하다. 특히 여성호르몬인 에스트라디올은 뇌의 발달과 분화에 중요한 역할을 한다. 여성의 난소로부터 분비되기를 기다릴 필요도 없이 모체에 가득 차 있는 여성호르몬은 뇌 세포를 증가시키는 데 빼 놓을 수 없는 요소다.

그런 여성호르몬의 바다에 섞여 있는 남자 태아는 정소에서 분비되는 남성호르몬만으로 남성의 뇌를 만든다. 이 남성호르몬이 부족하면 남성 성기를 가지고 있으면서 여성화된 뇌를 가지고 태어난다. 모체라는 여인 왕국 안에서 남성이 되기 위해서는 혹독한 관문을 거쳐야 하는 것이다. 한편, 부족한 남성호르몬을 태아 스스로 보충하는 것은 불가능하다. 모체에서 주어지는 스트레스를 제거하기에 태아가 너무 무력하기 때문이다.

예전에 임신한 쥐에게 스트레스를 주고 그 반응을 알아보는 실험이 있었다. 먹이를 절반으로 줄이고 쥐의 몸을 고정시켜 하루 세 차례 45분씩 눈부신 조명에 노출시켜보았다. 임신 후반기의 쥐에게 1주일 간 계속해서 이런 스트레스를 주고 새끼가 태어난 지 60일 후에 새끼의 뇌를 조사해보는 방법이었다. 그러자 놀라운 사실이 밝혀졌다. 수컷 태아의 뇌는 뱃속에 있을 때 받은 스트레스로 인해 수컷이 될 수 없었다. 그러나 암컷 태아의 뇌는 대부분 영향을 받지 않았다.

오늘날 우리의 현실도 실험쥐가 처한 상황과 유사하지 않을까. 몸이 묶인 쥐처럼 우리는 조직화된 사회체제에 구속되어 있으며 눈부신 조명은 풍요로운 문명과 유사하지 않은가. 그렇다면 태내에서 뇌의 성적 분화가 제대로 이루어지지 못하여 겉모습은 남성이지만 뇌는 여성화된 인간이 태어날 가능성이 더욱 높아질 수 있다.

문명이 동성애자를 낳는다는 속설도 황당무계한 말은 아닌 것 같다. 뇌에서 스트레스에 가장 큰 영향을 받는 부분은 성욕중추의 일부다. 보통 성적 이중성의 경향은 남아가 여아의 2배 정도 된다. 그리고 이것은 쥐, 원숭이, 인간이 다르지 않다. 최근 연구에 의하면, 이런 성적 이중성의 형태적 변화는 생후 4살까지 이어진다고 한다. 즉 4살까지의 양육 환경이 생물적 성차性差에 영향을 미치고, 그 후 8살까지 4년 동안은 문화적 성차, 즉 성적 정체성이 결정된다. 이처럼 남아가 남성의 뇌를 가진다는 것은 쉬운 일이 아니다.

이런 상담을 한 적이 있다. 두 아들을 둔 엄마가 또 다시 임신을 했고 이번에는 제발 딸을 낳게 해달라고 기원했다. 그러나 이번에도 역시 아들이었다. 그러자 엄마는 태어난 남자아이의 머리를 길게 기르고 여자아이의 옷을 입혀 키웠다. 그러자 그 아이는 동성연애자의 길을 걷기 시작했다. 올해 16세인 그 아이는 남성에게 성적 매력을 느끼고 있었다. 상담의 목적은 그 아이의 성적 정체성을 회복시키는 것이었다.

비정상적인 환경이 성심리를 왜곡시킨다

갓난아기의 뇌는 미숙한 상태로, 점차 균형 있는 자극을 받으면서 성숙하게 된다. 갓난아기는 뇌 발달 면에서 보면 온전한 인간이라고 할 수 없다. 뇌에서 고도의 활동을 담당하는 부분일수록 발달이 늦다. 시각계의 신경회로도 8살이 되어서야 성숙되며, 사고와 창조를 담당하는 전두연합야의 신경회로망은 9살이 되어야 완성된다. 따라서 그때까지 계속해서 올바른 자극을 받지 못하면 뇌의 주요 부분의 발달이 지체된다. 반면에 이 시기를 잘 통과한 후에는 비디오나 컴퓨터에 갇혀 잠시 허상과 현실의 경계선을 넘나든다고 해도 쉽게 빠져나올 수 있다.

하지만 요즘은 뇌 발달에 매우 중요한 시기의 아이들이 혼자 학원을 오가고 혼자만의 공간에 틀어박혀 컴퓨터나 TV 화면에 뜨는 허상을 가감 없이 받아들이고 있다. 2차원적인 자극에 익숙해진 아이는 부모와의 관계가 서먹해지고 언어를 통한 직접적인 교류를 원활하게 하지 못한다. 부모 또한 아이의 눈높이가 아니

성적 정체성은 8살까지 결정되고 그 후 평생 변하지 않는다. 또한 성도착이나 일탈적인 행동의 싹도 8살까지 형성된다. 그렇기 때문에 아이가 성적 정체성을 확립하는 데 부모의 책임이 매우 크다.

라 오로지 자신들의 기준에 따라 아이를 꾸짖거나 격려한다. 이는 부모와 자녀의 올바르고 바람직한 교류라고 할 수 없다.

심리적 성이나 일탈적인 성의 뿌리도 8살까지 형성된다. 성심리 발달에 동반되는 뇌의 각인을 '러브맵'이라고 하는데, 그 토대는 당연히 태내에서 만들어지며 성욕중추의 형태적 변화는 생후 4살까지 이어진다. 즉 생후 환경이라는 문화적인 인자가 뇌의 성 분화라는 생물적 변화에 영향을 미치는 것이다. 한편, 러브맵은 8살까지 만들어지며 일탈적인 성행위는 파괴된 러브맵 때문에 발생한다.

러브맵이 파괴되는 원인은 무엇일까. 부부의 이혼으로 가족이 뿔뿔이 흩어진 가정, 아이가 원하는 것은 무엇이든 들어주는 과보호, 섹스 리허설 플레이 따위의 의사놀이를 무조건 억제하고 호기심만 자극하는 성교육 등이 러브맵을 일그러뜨리는 원인이 된다. 이는 집단으로부터 격리된 어린 원숭이가 회복 불능의 정서장애를 일으키는 것과 비슷한 결과다. 부모는 아이의 눈높이에서 진솔한 대화를 나누고 정상적인 환경에서 올바른 사고를 할 수 있도록 항상 정신적 스승의 역할을 해야 한다.

러브 맵을 왜곡시키는 데는 사회적인 영향도 무시할 수 없다. 그 중에서도 살인, 폭력, 변태성욕 등이 넘쳐나는 영상 매체의 폐해가 가장 크다. 컴퓨터나 비디오 게임도 마찬가지다. 어린 학생들조차 피가 튀는 장면에 익숙하고 웬만큼 선정적인 광경에도 무감각하다. 그러나 아이들의 머릿속에 8살까지 각인된 충격적인 시각 기억은 평생 사라지지 않고 남아서 성의식에 어두운 그림자를 드리운다는 사실을 잊지 말아야 한다.

여자아이의 뇌는 복안구조復眼構造를 갖고 있기 때문에 좀 복잡한 편이다. 남자아이와 여자아이의 뇌의 차이, 즉 뇌의 성적 차이는 원과 타원으로 비유된다. 남자아이의 뇌는 대뇌신피질계를 중심으로 하는 원이라면 여자아이의 뇌는 대뇌신피질계와 대뇌변연계 두 부분의 중심점을 가지고 있는 타원이다.

지知·정情·의意의 정신을 담당하는 것이 대뇌신피질계이지만, 대뇌변연계는 포유류 시대에 '후뇌嗅腦'라고 불리던 부분이 새롭게 형성된 것이다. 여기에는 학습, 기억과 밀접한 관계를 가지고 있는 구피질이 존재하며 피질 아래의 핵으로서 성욕, 식욕, 그리고 자율신경의 중추인 시상하부가 있다. 따라서 대뇌변연계가 순조롭게 활동하면 건강한 생명력이 보장된다. 여자아이의 뇌는 중심점 주변에 대뇌변연계도 포함하고 있기 때문에 복잡한 것이다.

스트레스가 신피질계에 직접 공격을 가하면, 그 억압 신호가 대뇌변연계를 습격하게 된다. 억압이 강할수록 본능도 일그러져 자율신경계통도 질서를 잃는다. 이렇게 대뇌변연계에 이상이 발생하면 무서운 결과를 초래할 수도 있다. 어떤 경우에는 뇌출혈이나 심근경색을 일으켜 예기치 않게 목숨을 잃기도 한다. 조직 사회에 얽매여 많은 스트레스에 시달리는 샐러리맨들은 심신증에 걸리거나, 심지어는 성욕까지 잃기 쉽다. 한편, 아이들은 아이들대로 편중된 교육으로 정서가 메마르고 있다.

스트레스가 심해지면 남자아이는 내장에 이상이 생기지만 여자아이는 우울증에 빠진다. 그 결과 여자아이는 거식증에 걸리기도 한다. 최근에는 거식증을 보이는 연령대가 점차 낮아지고 있어 문제가 되고 있다. 특히 여자아이는 정서적인 문제나 대인관계에서 쉽게 스트레스를 받는다. 여자아이는 스트레스에 대한 뇌의 반응 방식이 남자아이와는 다르기 때문이다.

또 한 가지 중요한 사실은, 이성, 동성, 시체, 사물, 어린 아이 중에서 누구를 성의 대상으로 삼는가 하는 성의식도 8살까지 만들어져 평생 변하지 않는다. 발달 단계에서 나타났다가 사라져야 할 도착적 행위의 싹이 성인이 되어서도 남아 있으면 비정상적인 성의식을 가질 수 있다.

24

성교육은 생명의
존엄성을 가르치는 것이다

조기 성교육이 필요하다

성의식은 9살까지 완성되므로 성교육도 그때까지 끝내야 한다. 이 시기에 사고, 판단, 이성에 대한 관심을 담당하는 뇌의 소프트웨어인 전두연합야의 배선이 형성되는 것이다.

"9살이면 어린아이인데 성교육이라니! 아이가 잘못되면 어쩌려고."

이런 식으로 반발하는 부모가 많은데, 이는 자신의 어린시절을 완전히 잊어버렸기 때문이다. 얼마 전 일본교육의사신문의 발표에 따르면, 7살부터 증상을 보이는 아동의 우울증에 관한 역학 조사 결과, 10%가 넘는 아동이 자신감 상실, 비애감, 정신피로 등의 정신적 병리에 시달리고 있다는 사실이 밝혀졌다. 저학년 아이들 사이에서 전두엽에 이상이 생기고 있다는 증거다.

전두연합야는 행동을 프로그래밍하는 곳이다. 그곳에서 행동을 하기 위한 의욕이 발생하며, 수용된 정보는 식욕, 성욕 같은 본능과 관련된 중추인 시상하부로 전달하여 감각계와 운동계에 영향을 미친다.

9살 이후에 행동을 담당하는 전두연합야의 신경배선이 흐트러져 있으면 사춘기에 이상 행동을 보인다. 세상에 태어난 이후 9살까지는 뇌의 신경세포가 균형 있는 오감의 자극을 받아 시냅스를 증가시켜 신경회로망을 만들어가는 가소성이 가장 활발하게 이루어지는 시기다. 생후 9년 동안 불균형한 자극이 유입되면 신경배선은 흐트러지는데 나는 이 점을 매우 우려한다.

부모들은 얌전한 아이에게는 성교육이 불필요하다고 생각하지만 천만의 말씀이다. 요즘은 성교육이 제대로 이루어지고 있지 않은 반면, 성에 관한 정보는 각종 매체를 통해 엄청나게 범람하고 있는 실정이다. 성에 관한 그릇된 정보들이 배선공사 단

성교육은 구체적이고 현실적이어야 한다. 모호한 설명보다는 아이가 느끼고 실감할 수 있는 교육이 필요하며, 그 중에서도 가장 중요한 것은 생명의 존엄성을 가르치는 일이다.

계에 있는 뇌에 직격탄을 가한다면 어떻게 되겠는가. 2차원적인 허상의 세계에서 홀로 성에 눈을 뜨기 시작한 아이들에게 왜곡된 성 정보가 흘러들어가도록 만든 책임은 우리 어른들에게 있다. 그러므로 아이들에게 성에 관한 정확한 정보를 제공하고 그릇된 정보는 수정해서 제대로 가르쳐야 한다.

성교육이라고 해서 성에 대해 전반적인 교육을 시켜야 한다는 의미는 아니다. 성의 생리적인 측면을 자세히 설명하라는 것도 아니다. 성기의 명칭 따위를 언제 가르쳐주어야 하는지 고민하거나 당황할 필요가 없다.

올바른 성교육이란 생명의 존엄성을 가르치는 것이다. 상냥하고 부드러운 마음으로 사람을 대하고, 지구상의 다양한 생명체에 대해 이해심을 갖도록 지도해주는 일이다. 인류와 공존해 살아가는 다른 생명체도 인간만큼 존귀하다는 사실을 가르치는 것이다. 아니, 가르친다기보다는 함께 체험하는 과정이다.

생명에 대한 감동을 느끼게 해줘야 한다

성교육 문제를 고민하는 이들은 이런 이야기를 참고로 삼았으면 한다. 가축을 키우는 어떤 농장주가 한 도시 초등학교에 암컷 염소 두 마리를 기증했다. 얼마 지나지 않아 염소에게 발정기가 찾아오자 농장주는 수컷 염소를 데리고 왔다. 아이들은 수컷이 암컷의 등에 올라타고 교미하는 모습을 숨을 죽이고 관찰하였다. 그러고 나서 얼마 후 새로운 생명이 잉태되고 날이 갈수록 암컷 염소의 배가 부풀어 오르더니 마침내 새끼를 출산하였다. 이를 모두 지켜본 아이들의 입에서는 놀라움과 감탄의 함성이 절로 나왔다. 그런데 아이들은 수컷 염소를 다시 데리고 간 농장주의 말을 마음에 담아 두고 있었다.

"새끼가 자라서 발정기가 되면 내게 알려주렴. 그때 수컷 염소를 또 데려올게."

그러던 어느 날 암컷 염소의 엉덩이가 붉게 부풀어 오르기 시작하자 아이들은 고민하기 시작했다.

"지금이 발정기가 아닐까?"

아이들이 서로 옥신각신하는 모습을 상상하니 미소가 절로 나온다. 염소의 발정, 교미, 출산 과정을 지켜본 아이들은 동물이 발정하여 교미를 하면 수정이 된다는 사실을 자연스럽게 배우게 되었고, 이를 결코 잊지 않을 것이다. 또한 그 과정을 지켜본 아이들의 뇌는 매우 좋은 자극을 받았을 것이다.

일본 초등학교 교과서에 성교육이 포함되어 있지만 성관계와 수정에 관한 항목이 배제되어 있다는 사실은 이해하기 어렵다.

그리고 성교육은 5학년부터 시작하면 너무 늦다면서 성에 대한 조기교육을 부르짖는 초등학교 교사들의 호소에도 귀를 기울여야 한다. 요즘 아이들은 신체 발달이 매우 빨라서 초등학교 4학년쯤 되면 2차 성징을 보이거나 초경을 맞기도 한다. 따라서 그 전에 성교육을 마쳐야 한다.

우리는 악수, 포옹, 뺨의 접촉과 키스 등으로 친숙함을 표현한다. 그리고 이런 관습적인 행위들은 사교적인 예의로 정착되었다. 피그미침팬지 사회에서는 이런 친숙함을 성관계로 표현한다. 그래서 새끼 피그미침팬지에게 예의를 가르치는 것은 조기성교육과 같은 의미다. 사정을 하지 못하는 새끼 수컷의 상대는 성숙한 암컷이다. 음란하다는 느낌이 들 수도 있지만, 그들에게는 이런 습성이 사회성을 가르치는 학습인 셈이다. 일찍 가르치지 않으면 무리의 일원이 될 수 없기 때문이다.

동물의 세계와는 달리 인간사회에는 만화, 비디오, TV, 컴퓨터 등을 통해 성에 관한 영상물이 넘쳐나고 있다. 이런 현실 속에서 말만 앞세운 도덕이나 순결교육 따위는 아무런 의미가 없다. 그렇다면 어떻게 교육을 시켜야만 우리 아이들의 뇌를 보호할 수 있을까.

초음파진단장치에 비치는 태아의 영상은 36억 년에 걸친 생명 진화의 드라마로 감동 그 자체다. 출산 장면도 역시 감동을 불러일으킨다. 아이들에게는 이런 감동을 느끼게 해주어야 한다. 그러면 저속한 성과 관련된 영상들은 머릿속에서 일순간에 사라져버린다. 아울러 생명에 대한 감동과 존엄성을 느끼면 전두엽의 발달이 촉진되는 것이다.

25

인간의 성은 곧 두뇌이고 삶이다

인간의 성은 동물의 성과 다르다

인간이 태어났을 때 뇌의 무게는 400그램이고 1년이 지나면 그 두 배인 800그램이 되며 3살이 되면 960그램이 된다. 뇌가 환경과 상황에 따라 신축성 있게 대처하는 능력, 즉 뇌의 가소성은 어린시절에 매우 활발하다. 물론 나이가 들어서도 뇌의 가소성은 사라지지 않는다.

남성의 경우 발기부전 때문에 절망에 빠져 사랑을 완전히 포기한다면 삶 자체를 포기하는 것과 다를 바 없다. 인간의 성은 하반신의 접촉으로만 이루어지는 것이 아니다. 피부와 피부를 접촉하는 것, 손을 마주잡는 것, 함께 다정한 대화를 나누는 것, 여행을 떠나는 것 등이 모두 인간의 성에 포함된 행동이다.

여성도 마찬가지다. 폐경이 찾아오면 이제는 여자가 아니라는 식으로 더 이상 꾸미지 않고 할머니 행세를 하는 여성들이 있다. 여성다움을 잃지 않고 아름답고 현명하게 나이를 먹는 것은 얼마든지 가능한 일이다. 뇌의 가소성이 유지되고 있는 한 뇌는 항상 활기가 넘친다. 인간 구조의 기초는 뇌다. 그리고 인간의 성은 곧 두뇌이고 삶 그 자체라고 할 수 있다.

뇌는 컴퓨터가 아니다

아직 손발도 제대로 움직이지 못하고 말도 할 수 없는 갓난아기는 입을 사용하여 세상을 인지한다. 핥는 행위에 의해 사물의 형태와 거리를 감지하고 모유를 통해 엄마의 환경을 이해한다. 엄마가 이상한 음식을 먹으면 젖을 통해 느끼는 맛으로 엄마의 동태를 감지한다. 그리고 아이가 젖을 먹을 때는 한 손으로 유두를 움켜쥐기도 한다. 갓난아기는 원시감각으로 접촉을 하는 것이다.

태아 역시 태내에서 원시감각을 체험한다. 양수 안에서 부유감각을 느끼고 양수를 마시며 소변을 본다. 태내 원시감각의 세계는 피부에 전달되는 따뜻한 감각과 수압, 엄마의 심장 고동 등으로 이루어져 있다. 이 원시감각에서 느끼는 쾌감이 뇌의 신경세포를 1,000억 개까지 늘려주고 뇌의 발달을 촉진시킨다. 따라서 태아기에 그런 원시감각에 이상이 있었던 아이들은 뇌의 가소성에 문제가 발생한다.

입은 내장의 개구부로 내장감각을 느끼는 기관이다. 내장으로 세상을 인지하는 것은 갓난아기뿐이 아니다. 그런데 현대사회의 아이들은 어떤 식생활을 하고 있는가. 일본에서는 현대사회를 생선회 시대라고 할 만큼 사람들이 생선을 즐겨 먹고 있다. 그런데 아이들은 생선회를 먹으면서도 겨우 생선 이름만 들어서 알 뿐, 고기의 생태에 대해서는 거의 아는 게 없다. 고기의 크기, 헤엄쳤던 바다, 그리고 그 바다를 감싸고 있는 육지, 육지와 바다를 포용하고 있는 지구, 이렇게 인지하는 세계가 넓어져야만 식생활에 교육적 의미가 있는 것이다. 식사는 단순히 배를 채우기 위해 음식을 먹는 행위로 끝나서는 안 된다. 음식을 통해 세계에 대한 인식을 넓혀야만 뇌가 발달한다.

요즘은 어른 아이 할 것 없이 걸핏하면 패스트푸드점에서 식사를 한다. 게다가 가장은 조직사회에 얽매여 술에 취해 밤늦게 귀가하기 일쑤고, 아이는 학원에서 살다시피 한다. 이러다 보니 가족이 함께 모여 식사를 하는 일이 한 달에 몇 번 되지 않는다. 더군다나 엄마가 내놓는 음식도 직접 만든 것이 아니라 마켓에서 산 즉석식품 일색이라면 아이는 좁은 세계를 벗어나기 힘들 것이다.

이렇게 종족 간의 상호접촉이 필요한 것은 동물도 마찬가지다. 동물도 식욕과 성욕 외에 집단욕을 가지고 있다. 즉 무리와의 접촉과 상호교류가 없으면 생존하기 힘들다. 혼자서는 살 수 없다는 말이다. 아이의 뇌 발달에는 부모와의 접촉이 매우 중요하다. 컴퓨터나 학용품 따위의 물질적인 것을 풍족하게 마련해주는 것이 부모 역할의 전부는 아니다. 아이의 손을 잡아주고 포옹해주고 대화를 나눠야만 아이의 뇌가 가소성이 활발해지고 활력이 넘친다.

전두엽의 소프트웨어는 사물에 대해 생각하고 계획하고 판단하고 창조하는 역할을 한다. 또한 의욕을 생기게 하며 이성에 대한 관심을 유발한다. 이 6가지 모든 행동에는 언어가 필요하다. 인간은 언어뇌를 가지고 있는데, 이것을 외부로 표현하면 언어가 되고 자기 자신에게 표현하면 사고가 된다. 계획을 세우는 일

인간은 두뇌의 전두엽을 통해 사랑을 하는 존재이므로 성교육도 전두엽이 완성되는 9살까지 마쳐야 한다. 참된 성교육은 생리적인 면에 치우치기보다는 생명의 존엄성을 직접 깨닫게 해주는 것이다. 예를 들면, 생명체의 탄생 과정을 직접 보여주는 것도 훌륭한 성교육이다.

도 과거, 현재, 미래의 시간적 구분도 언어 덕분에 가능하다.

동물은 현재를 살 뿐이다. 머리가 좋다는 침팬지도 현재밖에 살 수가 없으며, 내일에 대해서는 생각조차 할 수 없다. 미래를 생각하는 생물은 오직 인간뿐이다. 이것 또한 언어를 가지고 있어 가능한 일이며 판단 능력도 마찬가지다. 인간이 판단을 할 수 있는 나이는 9살 이후다.

계획을 세우는 것도 그렇다. 예를 들면, 2~3살짜리 아이가 유치원에서 달리기를 할 때, 엄마가 "1등을 해야 한다"고 아무리 얘기해도 아이는 그 의미를 알지 못한다. 또한 "어제 그렇게 말했잖니"라는 식으로 말해도 어제가 언제를 의미하는지 이해하지 못한다. 따라서 그러한 요구는 아이의 뇌가 판단하고 계획할 수 있는 시기가 된 후에 해야 한다. 그 나이가 되면 비로소 창조도 가능해진다.

이성에 대한 관심을 유발하는 것도 바로 이 소프트웨어다. 컴퓨터 시스템엔지니어에게서 많이 볼 수 있는 '테크노스트레스 임포텐츠' 라는 증상이 있다. 그들은 잠을 잘 때 외에는 하루 종일 컴퓨터 앞에 앉아 있다. 부정확하고 시행착오를 많이 겪는 인간의 뇌는 컴퓨터의 정확성과 속도를 도저히 따라갈 수가 없다. 인간의 뇌는 가소성을 통해 시행착오를 거치며 발달하는 게 정상인데, 속도와 정확성이 강요되다 보니 당연히 이상이 생길 수

밖에 없다. 그래서 소프트웨어가 고장나 이성에 대한 관심이 상실되어 발기부전증이 생긴다.

현재의 교육도 마찬가지다. 편향적 교육은 아이들 뇌의 하드웨어에 지식을 주입하는 데 치중하고 있다. 나는 전두엽의 소프트웨어 이외의 다른 모든 부분을 하드웨어라 부른다. 소프트웨어는 축적된 지식을 환경 변화에 따라 적절히 활용할 수 있다. 따라서 아무리 많이 쌓은 지식도 소프트웨어가 제대로 작동하지 못한다면 죽은 지식에 지나지 않는다.

우리는 정말 풍요로운 삶을 살고 있는 것일까. 요즘은 거리에서 얼굴 표정이 밝은 사람을 보기 힘들다. 모두들 뭐가 그리 바쁜지 서둘러 발걸음을 옮기고 있고, 전철 안에서는 한결 같이 지친 표정으로 잠에 골아 떨어져 있다. 이런 모습은 환경이 아무리 풍요로워도 우리의 머릿속은 풍요롭지 못하다는 증거가 아닐까.

과거와 비교해보면 우리는 얻는 것보다 잃는 것이 더 많다. 인간적인 접촉과 교류가 점차 사라지고 있으며 미래에 대한 희망이나 꿈도 별로 없다. 물질적 풍요가 넘치는데 왜 이런 현상이 발생하는 것일까. 이 모든 문제의 원인은 전두엽이 활성화되지 못하고 있다는 데에 있다.

26

9살까지의 교육이
아름다운 삶을 보장한다

아이에게는 체험 교육이 필요하다

아이들에게는 생명의 존엄성과 더불어 탯줄과 기초체온표를 이용해 남녀의 차이점을 확실하게 가르쳐줄 필요가 있다. 추상적인 얘기만으로는 아이들을 이해시키기 어렵다. 암술과 수술 따위로 설명하는 과거의 방식은 이제 통하지 않는다. 이제는 인간을 대상으로 분명하게 설명해주어야 한다.

사춘기 전에 기초체온에 대해 가르쳐야 한다고 하면, 어떤 부모들은 "그런 건 결혼한 뒤에 알아도 늦지 않다"는 식으로 반발한다. 소위 '비밀의 문'은 계속 잠가두어야 탈이 없다는 식이다. 이처럼 우리의 마음속에는 아직도 성에 관한 금기의식이 존재한다. 하지만 시대착오적인 사고방식은 과감히 버려야 한다.

남녀 구분 없이 아이들에게 기초체온을 측정하게 해보고, 그 의미를 설명해주자. 기초체온표는 여러 가지 패턴이 나올 것이다. 생체리듬은 개인에 따라 각양각색이기 때문이다. 특히 여자는 선이 고르게 나타나는 경우도 있지만 일찌감치 두드러진 변화를 보이기도 한다. 성 현상은 변화가 풍부하다는 것이 특징이다. 기초체온표는 전형적인 사다리꼴 타입, 원추형 타입, 물결이나 톱니 모양을 보이는 타입 등 다양하다. 그리고 남자와 여자의 타입은 큰 차이가 있다.

남자아이들과 여자아이들을 함께 모아놓고 서로 대화를 나누게 하는 것도 좋은 교육이다. 그런 환경이 조성되면 아이들은 이성간의 차이에 놀라움을 보일 테고, 남자아이는 자연스럽게 여자아이를 배려해야 한다는 생각을 가지게 된다. 남자아이나 여자아이만 따로 모아놓고 실시하는 밀실 성교육의 효과는 호기심만을 자극할 뿐이다.

다음은 탯줄 교육이다. 일본에서는 예로부터 탯줄을 오동나무

상자에 담아 집으로 가져가는 풍습이 있었지만, 지금은 그것을 지키는 이들이 별로 없다. 탯줄은 9달 동안 엄마와 아이를 연결해주면서 태아의 생명을 유지시켜준 생명줄이다. 탯줄에는 태어난 아이에게서 악령을 쫓는 힘이 깃들여 있다는 민간신앙이 있었다. 따라서 산후에 탯줄을 집으로 가져가는 일은 매우 중시되던 풍습이었다. 탯줄을 소중하게 보존하는 풍습에는 아이의 행복한 삶을 기원하는 소중한 마음이 담겨 있다고 할 수 있다. 이런 좋은 풍습이 물질문명, 기계문명에 밀려 사라지고 있는 현실이 참으로 안타깝다.

바싹 마른 탯줄은 아이들에게 생명의 존엄성을 가르쳐줄 수 있는 좋은 자료가 된다. 생명의 존엄성을 깨달은 아이는 성장하면서 다른 사람들을 이해하고 배려하는 마음을 갖게 된다. 오늘날 문명이라는 거센 바람은 인간에게서 상냥하고 따뜻한 마음을 빼앗아버렸다. 우리는 탯줄을 통해 자녀에게 태아 시절에 대해 가르쳐 줄 수 있다. 그곳에 흘렀던 혈액과 여러 가지 영양분에 대해 알려주고, 혈액의 흐름이 부족하면 태아가 고통을 느끼고 탯줄을 통해 엄마에게 그 신호를 전달했다는 사실도 일러줄 수 있다. 또한 갓난아기가 세상의 빛을 보자마자 혈액이 흐르던 탯줄은 잘리고, 엄마의 자궁에 있던 나머지 부분은 버려지지만 아기의 배꼽에 연결되어 있던 부분은 4~5일이 지나면 떨어져서 바

싹 마르게 된 것이라는 사실도 가르쳐줄 수 있다.

태줄을 구경하기 힘들어진 요즘에는 초음파진단장치에 비치는 태아의 움직임을 비디오로 보여주는 것도 훌륭한 교육이다. 운동뇌가 발달해 있는 임신 초기 작은 움직임에서부터 점차 발달해가며 뛰고 차고 회전하고 손가락을 빠는 움직임까지 보여준다. 뛰어오를 때 혈액이 흐르는 태줄의 모습을 보여주고 태반과 태아를 연결하는 끈이 양수 안에서 움직이는 모습도 보여줄 수 있다.

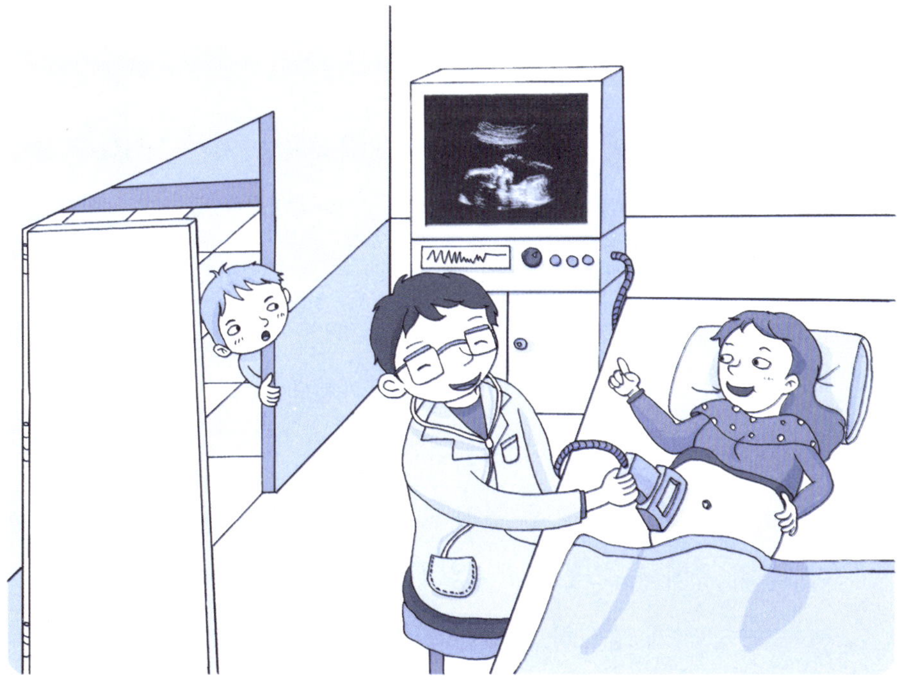

도덕이나 순결만을 내세우는 성교육은 호기심만을 자극할 뿐이며 별 효과가 없다. 바람직한 성교육은 생명에 대한 감동과 존엄성을 느끼게 해줌으로써 올바른 성의식을 심어주는 것이다. 그 중에서도 기초체온 재보기, 태아의 발달 과정 알아보기, 이성과 대화 나누기 등이 권장할 만하다.

부모의 교육이 성의식을 결정짓는다

부모가 교사에게 교육을 양도하는 시점은 아이가 7~8살쯤 될 때다. 이 나이는 아이의 성적 정체성이 확립되는 시기다. 그리고 8살까지 확립된 성의식은 그 후 평생 동안 변하지 않는다. 성교육을 담당한 교사는 아이의 성의식을 어느 정도 수정해줄 수는 있어도 완전히 뒤집을 수는 없다. 8살까지의 교육 환경이 아이의 성의식 확립에 중요한 이유가 여기에 있다.

최근 일본에서는 미국 못지않게 흉악한 범죄가 급증하고 있다. 특히 유아나 소녀 유괴, 성적 학대, 살인 사건 등의 강력 범죄가 눈에 띄게 증가하고 있다. 성장기에 뇌가 정상적으로 발달하지 못한 이들이 범죄의 늪에 빠져버리고 있는 것은 아닌지 몹시 우려된다. 물질적으로는 풍요롭지만 정신적으로는 황폐해지는 이 사회에 무서운 범죄가 배태되고 있는 현상이 일고 있는 것만은 분명한 사실이다.

기계적인 문명화가 가속화되는 가운데 동물적 감성과는 동떨어진 환경인 콘크리트 정글에서 편향적 교육을 강요받은 아이는 성인이 되어서도 다른 사람들과 정상적인 커뮤니케이션을 할 수 없다. 성도착 증세도 그런 환경에서 발생하며, 특히 성숙한 여성을 상대하지 못하는 남성은 힘없는 어린아이를 성적 대상으로 삼는 경향을 보인다.

성도착이나 일탈적인 행동의 싹도 8살까지 형성된다. 그렇기 때문에 아이의 양육 환경을 주도하는 부모의 의무와 책임이 매우 크다. 8살까지 각인된 성적 정체성은 평생 변하지 않는다. 그리고 그때까지 각인된 유아기의 체험이 성인이 된 이후에 성적 행동의 기초가 된다. 동성애, 강간, 근친상간, 소아성애, 훔쳐보기, 새디즘, 매저키즘, 노출증, 배설물 애호증 등의 성적 일탈 행위는 뇌의 러브맵이 파괴되었기 때문에 발생하는 증상들이다. 러브맵이란 성심리가 발달하면서 뇌에 각인되는 현상으로 그 토대는 당연히 태내에서 만들어진다.

성욕 중추의 하나인 성적이형핵(수컷과 암컷이 서로 다른 모양이나 특징을 갖는 뇌 속 신경핵)은 일반적으로 남성이 여성의 두 배다. 이 형태 위에 이루어지는 변화는 임신 4개월경부터 시작되어 생후 4살까지 이어진다. 유아기의 생활환경은 그래서 중요하다. 만약 남성의 성적이형핵의 크기가 여성과 큰 차이가 없다면 그는 이성을 사랑할 수 없다. 생활환경이라는 문화적인 인자가 생후 4살까지 뇌의 성적 분화라는 형태적(생물적) 변화에 영향을 미친다는 것은 아주 중요한 사실이다. 프로이트의 성심리 발달 단계로 보면 4살의 나이는 구순기와 항문기를 거쳐 남근기에 들어가 이성을 의식하기 시작하는 시기다.

러브맵은 4살부터 8살까지 형성된다. 아이들은 4~5살쯤부터는 전형적인 의사놀이인 '섹스 리허설 플레이'를 하게 된다. 이것은 아이의 성심리 발달에 중요한 행동이다. 하지만 성에 대한 금기가 엄격한 사회에서는 이런 놀이를 무조건 억압하거나 금지한다. 성에 관련된 것은 모두 죄악시하는 분위기의 가정에서도 이런 행동은 용납되지 않는다. 이런 가정의 부모는 성을 무조건 음란한 행위로 여기기 때문에 문제가 된다. 아이는 성에 관한 이야기를 절대 입에 담아서는 안 된다. 아이가 성에 관심을 보이려고 하면 쓸 데 없는 데 신경 쓰지 말고 공부나 열심히 하라고 면박을 준다. 심지어는 아이가 성에 관한 고민을 호소하면 꾸짖기부터 한다.

이처럼 5~8살 시기에 성적으로 지나치게 억압된 아이는 러브맵이 파괴되어 장래에 성적 일탈행위를 저지를 소지가 많다. 사실 이런 면에서 본다면, 의외로 유아의 성심리 발달에 브레이크를 거는 가정이 적지 않다. 물질문명은 고도로 발달해가고 풍요가 넘쳐나는 시대이지만 성에 관한 인식은 아직도 한참 뒤떨어져 있는 실정이다. 우리는 어린시절의 일을 잊어버리고 산다. 그 시절의 막연한 불안감을 떠올릴 수 있다면, 아이들의 눈높이에 맞추어 그들이 안고 있는 고민을 들어주고 성에 대해 올바른 교육을 시킬 수 있을 것이다.

아이들의 뇌는 비명을 지르고 있다

버튼만 누르면 온갖 것들이 다 쏟아져 나오는 세상이다. 아이들은 사람과의 접촉보다는 각종 기기와 더 많은 교류를 하면서 성장하고 있다. 그래서 허상을 더 가깝고 친근하게 느끼며 실상은 점점 더 멀리 하게 된다. 실상이란 바로 살아 있는 사람, 자연, 동식물을 말한다. 그들을 보고 냄새 맡고 접촉하며 체험하는 것이 바로 참된 삶이다.

요즘 도시에는 흙을 찾아보기 힘들다. 어디를 가든 사람들은 사각형의 콘크리트 구조물로 가득한 정글에 갇혀 살아가고 있다. 현대인들은 주거지로 고층을 선호하는 경향이 있는데, 이는 그야말로 자연을 거스르는 생활방식이라고 할 수 있다. 인간이 흙에서 벗어난 문명을 가졌던 시대에 항상 인류의 위기가 찾아왔었다는 사실을 상기할 필요가 있다.

편리함과 말초적 쾌락만을 추구하는 시대에 전통적 체제와 가치관의 붕괴 역시 우려할 만한 일이다. 특히 이혼율이 점차 증가하는 현실은 개탄스러운 일이다. 가정이 붕괴하면 가장 큰 희생자는 아이들이다. 미국에서는 매년 마음의 병을 앓는 젊은이가 5,000명씩 증가하고 있는데, 그 원인을 분석한 결과 대부분이 가정파탄으로 밝혀졌다. 아이가 안정된 가정환경 속에서 자라지 못하면 그만큼 위험에 노출될 소지가 많다. 또 이것은 사회적인 악순환을 초래한다. 예를 들어 폭력 가정에서 자란 아이는 성인이 되어서 폭력을 휘두르게 된다. 또한 유아기에 성적 학대를 받은 아이는 어른이 되어서 다시 가해자가 될 가능성이 높다.

현대사회의 아이들은 위태로운 삶을 살고 있다. 그들의 불안정한 삶의 배후에는 공부, 따돌림, 체벌, 부모의 이혼 등 학교와 가정에서 발생한 고민이 축적되어 있다. 놀이터를 잃고 편향적 교육을 강요받고 성적만으로 평가받는 좁은 세계 속에 갇힌 아이들은 살아 있는 존재로서의 감각을 상실하게 된다. 그 결과 아이들의 내면세계는 하루하루 파괴되고 황폐해진다. 아이들은 가정에서도 학교에서도 정착하지 못하고 안락함을 느낄 수 있는 곳을 찾아 밖에서 이리저리 방황을 하고 있다.

일단 가정을 벗어나 밖에서 안주할 곳을 발견한 아이는 그곳을 탈출하기 쉽지 않으며, 현실 속의 가정으로 돌아가기도 쉽지 않다. 아이들이 집을 떠나서 마음을 쏟는 대상은 대개 폭주, 폭력, 마약 같은 말초적 쾌락의 세계와 관련된 경우가 많다. 이런 세계는 외부에만 존재하는 것이 아니라 바로 평온한 가정 안에도 존재한다. 그것은 온갖 허상이 난무하는 2차원 세계다. 요즘의 아이들은 이 세상에 태어나는 순간부터 X축과 Y축으로 만들어진 평면적 허상에 둘러싸여 자란다. 아이들이 허상을 실상으로, 실상을 허상으로 착각하면서 그들의 뇌도 무참하게 공격을 당하고 있지만 대부분의 부모들은 이를 깨닫지 못한다. 정신적으로 아직 미숙한 아이들은 그런 기기를 통해 심리적 불안감을 오직 내면세계로만 투사하게 된다.

사실 인간은 태어나면서부터 숲속의 온갖 속삭임, 물이 풍부한 호수, 새들이 지저귀는 소리 같은 순수한 자연을 추구하며 살게 되어 있다. 조상대대로 우리는 유전자를 통해 그런 생명의 기억을 전수받았다. 우리가 자연에 대해 아련한 향수를 느끼는 이유도 바로 그 때문이다. 아이들도 표현은 하지 않지만 마음속 저변에는 숲의 바람 냄새를 맡고 강의 속삭임을 듣고 싶어 하는 욕구가 잠재되어 있다. 아이들의 마음속 깊은 곳에서 추구하는 세계는 바로 자연이다. 그 세계를 개발과 도시화라는 거센 물결이 밀어내면서 아이들의 뇌는 비명을 지르고 있다. 이제 우리는 그 소리에 귀를 기울이고, 그들의 미래를 위해 무엇을 해야 할 것인가를 진지하게 생각해보아야 한다.